Praise for Shoro Kawazoe
本書の刊行に寄せて

象郎には、正直、ナンニモしてもらったことがない。

でも、何故かほっておけない奴だ。

川添と聞くと、象《しょう》ちゃんよりも、父上の川添のパパが蘇る。

“ブラボー”

1965年、日生劇場「オンディーヌ」初日。

川添のパパは、誰よりも先に立ち上がり、喝采をくれた。

1960年、飯倉キャンティの初日、象郎に引っぱっていかれた小娘に、当たり前に椅子を引いて、大人扱いをしてくれる、パパの本当の育ちのよさ。

1964年、カンヌ映画祭、川添のパパの心配りで、飛行機から下りたばかりの“女優”に、大きな花束とフラッシュ。遊び気分が吹っとんだ。東洋から来た、名も無い女優に、喝をくれたのだ。

「人類多しといえど、殊更に我に悪敵はなきものなり。恐れ憚ることなく、心事を丸出しにして飄々と応接すべし」

この言葉のままに生きた、この父と子。

他人と自分をくらべたりせず、心の底から、笑っていろと教えてくれた。

それが川添家の血なのだろう。

——**加賀まりこ**(女優)

川添さんはスパニッシュ・ギターのアーティストであり、同時に欧米スタイルのショービジネスを日本で展開し、YMOの世界ツアーを仕切った恩人でもあります。その頃の話はいつ聞いても面白く、感心してしまい、そういうことが詰まった本を待っていたので嬉しいことこの上ありません！

——**細野晴臣**(音楽家)

出鱈目？

それとも啓示？

15歳の私も、六本木の街角で川添さんのマッドなヴァイブスに巻き込まれたひとりです。

いつまでも、そんな存在でいてください。


——**松任谷由実**（シンガーソングライター）

洋も和も、あらゆるアートに精通し、センスは抜群！

いろいろあったが、なぜか憎めないやつ。

こんな男とはそうそう出会えるもんじゃない。


——**ミッキー・カーチス**（歌手、俳優）

超絶型破りなこのお方、転んでもただでは起きず、それが底の知れぬ水溜まりであったとしても、絶対にその手の中に世間があっと驚く宝物を掴んで起き上がる、言わずもがなのお方なのです。そのアドレナリンの量と記憶力は他に類を見ず、時代がどう変わろうと一切ブレない品格のある筋金入りの審美眼には、ただひたすら平伏するばかりだ。最後の本だなんて言わないで、「美しさ」の不可思議な成り立ちを、どうかその毒舌で語り続けていただきたい。こんなに極上で素敵な人とは、もう二度と廻り逢えないのだから！

——**吉田美奈子**（音楽家）

川添さんと私の出会いは、学生から社会へと飛び出すのにいろいろと思案していた時期であり、まさに川添さんは私のその後の人生を決定づけた師匠であります。当時はまだその内容が広く理解されていませんでした「プロデュース」という仕事のイロハをお教えいただきました。その後アルファレコードの立ち上げやYMOに関われたのも川添さんのおかげです。私はYMO以後「デジタル」という分野に進み、現在はインターネットに関わる仕事についておりますが、今でも川添さんから学んだ「プロデュース術」とも言うべきナレッジは私の中で生きております。

——**小尾一介**
（Google株式会社執行役員などを経て、クロスロケーションズ株式会社代表取締役社長）

最後の東京のお坊ちゃんというイメージで僕たちは象ちゃんを見ていました。やんちゃな一面、教養もあり、音楽プロデューサーとしてのクリエイティブの能力はすごく高い。二人で仕事をしたのは空間プロデューサーという言葉がバズワードになっていたバブル時代に、私がプロデュースしたビアホール。象ちゃんにはホールの中のレストランのプロデューサーをお願いしました。この本は戦後からバブル時代の記録としても面白い。キャンティというサロンを通して、ロバート・キャパや、ピエール・カルダンなど、グローバルで豊富な人脈が象ちゃんという才能につながっていきます。そしてなによりも象ちゃんは最高に楽しい遊び仲間です。

——**坂井直樹**（コンセプター）

1968年の東京で誰よりも欧米の音楽、アート、ファッション、エンターティンメント、フォトグラフィーに関して、生のグローバルネットワークを持っていたのは、川添象郎さんです。象ちゃんに紹介された未来学者、思想家、哲学者、歴史哲学者である仲小路彰さんは、僕の人生の指針を示してくれました。

——**シー・ユー・チェン**（CIA Inc. Piii Founder & Executive Chairman）

この本に書かれているショウちゃんの若い頃のハリウッドやラスベガス、グリニッジ・ヴィレッジやマドリードなどでの修業時代の話は本当に面白い。海外でこんな経験をしてきた日本人はあまりいないと思う。この本を読むとその修業が後のYMOの成功をはじめ数々のプロデュース作品の成功に大きく役立っていることがわかる。
僕がキャンティに行くようになった1960年代はじめ、ショウちゃんはグリニッジ・ヴィレッジでフラメンコ・ギターに熱中していた。時折弟の光郎に手紙を書いて様子を知らせていたのだが僕はキャンティでその手紙の一つを義母のタンタンやみっちゃんと一緒に読んだことがある。本書にでてくるグリニッジ・ヴィレッジの暮らしのことが書いてあった。その頃のショウちゃんは読書家でドス・パソスの『U.S.A.』なんかを読んでいてその感想や時間と空間をどう考えるかなどという哲学的な事も書いてあったことを思い出す。ショウちゃんが一生の締めくくりに本を出すことができて僕もうれしい。

——**村井邦彦**（音楽家）

象の記憶

川添象郎

人の心に珍しきと知る所、即ち面白き心なり。
花と、面白きと、珍しきと、これ三つは同じ心なり。
何れの花か散らで残るべき。
散るゆえによりて、咲く頃あれば珍しきなり。

——世阿弥

プロローグ

象はすべての動物のなかで最も記憶力が優れているそうだ。なんでも、二十年前のこともおぼえているらしい。自分の群れの仲間や、大切な水場の位置など忘れない。西洋では、象と言えば素晴らしい記憶力の象徴である。その象にあやかって、記憶をたどりながら自分の人生の物語を書き綴ってみることにする。

僕はプロデューサーである。音楽、演劇ほか、空間プロデュース等、自分が興味をもった分野のプロデュースをしてきた。人は、僕のことを破天荒なプロデューサーであると言う。人間が自身の体臭を自覚できないように、僕は自分のしてきたことが人の興味を引くほどのことか、またどこが破天荒なのかわからない。

しかし、自分のしてきたことを書き始めてみないとそれこそわからないので、ともかく書き始めてみることにする。

目次

川添浩史《ひろし》

父は川添紫郎《しろう》という名である。シャレ者であった祖父が名付けたらしい。のちに浩史という名に改名する。四国高知県の後藤家の四男として生を受け、後藤家の親戚筋になる川添家に跡取りがいなかったことにより、幼いころに川添家に養子として迎えられた。一九一三（大正二）年東京生まれである。

父は学生時代、その時代に日本でも流行していたマルキシズム、共産主義にかぶれ、学生運動を始めた。川添家は裕福な家なので、広い庭に大きな物置小屋があった。そこに仲間の運動家が物騒な武器弾薬を隠したのが警察にバレて摘発された。川添家では大切な養子である父を日本に置いておくとロクなことがないと考え、外国に留学させることにしてパリに送った。

一九三四（昭和九）年、パリに着いた父はその時代のパリの自由な空気に触れてコロリと主義を変えた。パリでは約六年間を過ごし、文化・芸術関係のさまざまな人物と交友した。戦争報道写真のパイオニアであるロバート・キャパは、ハンガリーからパリへ赴いた当時、無一文のまま川添紫郎の暮らすアパートに居候していた。

父はパリで映画の仕事を始め、日本映画のヨーロッパへの紹介などをしていた。ベルリン国際映画祭に日本映画をもって参加したとき、ナチス・ドイツの宣伝相のゲッベルスに会い、この人物が小柄ではにかみ屋であったことを意外に感じたらしい。

戦後、皇室所蔵の絹織物をヨーロッパ各地で展示するというプロジェクトに際し「その昔、東と西はさやかなる一筋の絹により結ばれていた」というキャッチコピーを書いた川添紫郎は、少々キザで、詩人的気分の人だったのであろう。「美は力なり」というのも父の信念であった。

原智恵子

僕の母である原智恵子はクラシック・ピアニストである。一九一四(大正三)年、神戸に生まれ、七歳よりピアノを始める。十三歳で渡仏し、パリ国立高等音楽院を首席で卒業。一九三七年、ポーランド・ワルシャワで開催された第三回ショパン国際ピアノ・コンクールにて、日本人ピアニストとして初めて出場、特別聴衆賞を受賞。パリのモンパルナスにて父の川添紫郎と出会い、第二次大戦直前に帰国したあと、二人は結婚した。一九四一(昭和一六)年、日本軍が真珠湾攻撃を敢行し、太平洋戦争が始まった年の一月に、僕は生まれた。

幼いころ、ピアノの練習に没頭して相手をしてくれない母の足元にそっと忍び込み、仰向きに寝転がってピアノのペダルの動きを眺めていたことを想い出す。母はよく、ショパンやシューマン、ムソルグスキーを弾いていた。父は多くの時間を外で過ごしており、自宅でともに過ごした記憶があまりない。

ほかに思い出すのは、いたずらのことばかりだ。近所に住む子供仲間と一緒に自宅の庭に落とし穴を作り、そこに誰かを落としてやろうと企んだ。ゴムを使って強力なパチンコを作り、戦争ごっこもやった。近所の有栖川公園に生えている大きな木から落ちた赤くて硬い実を弾にして撃ち合う。当たると血のような痕が残って面白い。有栖川公園にはいろいろな生きものがいた。イカのスルメを餌にザリガニ捕りを試みたが、これはうまくいかなかった。ヘビを捕まえて家に持ち帰り、女中さんに向かって放り投げたこともある。気絶しそうなほどびっくりした女中さんを見て、ワクワクの絶頂気分を味わった。

この〝ワクワク気分〟というものは、どうやら僕の本質的資質のひとつであるようだ。まず自分がワクワクする。そしてその気分を作品にしてほかの人に伝える。それが伝染病のようにして世間に広がっていくときにこそ、プロデューサーという仕事の醍醐味を味わうことができるのだ。

原智恵子

東京の麻布に暮らし、小学校は天現寺の慶應幼稚舎に通った。自由奔放でおおらかな雰囲気の学校であった。

早生まれの僕は、同級生のなかでも背が小さく、特に低学年のころは肉体的にハンディがあったようだ。徒競走やラグビー、水泳といったスポーツよりも、卓球、鉄棒、バスケットなど、敏捷さを活かすことのできるものが好きだった。

母は、自分の弟子の女性を先生にして、僕にピアノを習わせた。ソナチネを弾けるようになったころ、弾いてみるように、と言う母の前で演奏した。

「そこはこう弾くのよ！」

「違うでしょ！　こうよ！　もう一度弾きなさい！」

「それじゃダメよ！」

と、手を打たれた。毎日毎日、飽きるほどに母の練習を聴かされ、おまけに彼女のファンである上流夫人たちが自宅に集まるときには「おばさま、ご機嫌よう」と、いい子ぶった挨拶をさせられていた僕は、内心では「ケッ！」と思っていたものだから、その揚で外へ飛び出し、ピアノは弾かなくなってしまった。

小学校五年生のとき、母は僕と弟をカトリック教会に通わせた。毎週土曜日、大田区池上にある洗足教会の神父宅に泊まり、早朝のミサでは神父の手伝いをさせられた。なかなか面白い神父で、そのころ流行り始めたパチンコに連れていってくれたりした。

教会に通うことを条件に買ってもらった自転車で、南麻布からはるか池上までの弟との小旅行はワクワクした楽しい想い出だ。カトリック教会のミサは荘厳だった。ラテン語の祈りがあり、美しい賛美歌が歌われ、聖書について学ぶ。洗足教会でのキリスト教に触れる体験は、後年の仕事で大いに役立った。

川添紫郎（浩史）と原智恵子。両親の結婚写真。1938年11月25日。

不良時代の始まり

慶應の中学は、日吉にある男子専用の〝普通部〟と、港区三田にある、こちらは男女共学〝中等部〟に分かれていた。幼稚舎出身の生徒はほとんどが普通部に進学するのだが、なぜだか僕は中等部に進むことになった。自宅から近かったからなのかもしれない。

中等部入学式を終え、クラスを分けられてその教室に待機していたとき、突然隣の教室から凶暴な面構えの生徒が殴りこんできた。唖然としている生徒を四、五人引っ叩いて、意気揚々と自分の教室に引き上げていく。さっぱりわけがわからなかったが、どうやら自分の存在感を示すための彼なりの挨拶だったようだ。変なやつである。

彼は小学生のころから剣道をやっていた。お互いの家が近くだったこともあってか、すぐに仲良くなり、彼から剣道を教わった。僕はすっかりそれにハマって、ついに慶應中等部に剣道部を創立してしまった。

文化活動で多忙な父は、やはり自宅にいることが少なく、母はコンサートで留守がちだ。われわれ兄弟の厳しいお目付け役はいない。学校の勉強など放ったらかしにしておいて、興味をもつことにばかり夢中になるのは当然だろう。

ある日、東横百貨店のおもちゃ売り場をぶらぶらしていると、手品道具を実演販売しているお兄さんを見つけた。僕はその手品にすっかり魅せられてしまい、毎日そこへ通ってお兄さんと親しくなり、さまざまな手品を教えてもらった。筋が良かったのかすぐに上達し、いつしか二人で新しい手品を編み出すまでになってしまった。

そのお兄さんが、初代・引田天功である。僕が腕を磨いたトランプ・マジックは、後年、特に〝女の子〟対策に貢献してくれた。

学校の勉強は興味の対象外だったので、当然、成績は悪かった。気にもしていなかった。今になって考えると、よく慶應高校に進学できたものである。不思議だ。

慶應高校は、横浜にほど近い日吉にある。高校では、幼稚舎時代の同級生たちにも再会した。南麻布の家から渋谷を経て日吉までは、通学に一時間以上かかってしまい、この遠さにはうんざりしたおぼえがある。

「お前ら、高校に入ったのだから〝ふでおろし〟をしよう。ついてこい！」

剣道部に入った僕は、部の先輩に誘われ、ほかの新入生とともに新宿花園街の〈青線〉へ赴いた。売春禁止法が施行される直前のことだった。興味津々、ワクワクしながら勇んで出かけた。紅い灯、青い灯が点り、妖しいお姐さんたちがヒラヒラと手招きをしている。慣れた様子で堂々としている先輩に比べ、僕たち新入生三人は地に足が着かない状態であった。街の入口にある屋台を集合場所に決め、各々が店に向かう。品定めなどできるはずもなく、適当な店に入った。

僕の頭のなかにあったのは「一番最初に屋台に戻るのは、沽券《こけん》に関わるぞ」ということだけだった。お姐さんへ、ふでおろしであることを正直に伝え、「そんなのわかってる。大丈夫だよ」と優しい言葉をもらうと、あとはなにがなんだかわからないうちにすんでしまった。店を出て、フラフラしながら時間稼ぎをして集合場所の屋台に入ると、仲間の新入生ふたりはすでにそこにいた。僕のプライドは守られたのだ。

このころはよく、夜中に弟とともに家を抜け出し、幼なじみの福澤幸雄と合流して六本木へ出かけた。

福澤幸雄の父は慶應大学の仏文教授で、母はギリシャ人のオペラ歌手。慶應義塾の創始者・福澤諭吉は彼の曽祖父である。英仏二か国語を話すハンサムな男で、僕らより年下なのに、ずいぶんとませていた。

そのころの六本木は現在のような盛り場ではなく、深夜営業の店は三軒ほどしかなかった。各国大使館が集まっているため国際的な雰囲気が感じられ、たとえば、ハンバーガー・インという店には米軍の兵隊たちやナイトクラブのお姉さんたちが大勢遊びに来ていた。当時はまだ珍しかったジュークボックスが置いてあり、僕と弟はそれにかじりつくようにしてアメリカのポップ・ミュージックを聴いていた。

エルヴィス・プレスリー、ニール・セダカ、ポール・アンカ、ジーン・ヴィンセントといったアーティストが続々と登場し、コカ・コーラとともにアメリカのポップ文化が世界中に広がり始めた、一九五〇年代後半のことである。ロックンロールが大流行し、日本でも、ミッキー・カーチス、平尾昌晃、山下敬二郎などのロカビリー・スターが出現。日劇ウエスタン・カーニバルに若者が熱狂した。日本は、終戦後の窮乏からようやく抜け出しかかっていたのだろう。女の子が活発に遊び始め、つられて男の子も元気になった。若者文化の台頭期だった。

一九五〇年代の日本には、現在のような若者向けの遊び場はなかった。もちろんテレビゲームなど皆無で、子供たちは恐る恐る大人の遊びに手を出していたものである。将棋や囲碁は、やる気があれば教えてもらえた。パチンコ・マージャン・競馬・花札といったギャンブルには、参加させてもらえない。後楽園にアイス・スケート場があり、いっときは女の子目当てに通ったことをおぼえている。

当時は日本にひとつしかなかった民間のボーリング場、青山の〈東京ボウリングセンター〉にも通い、われわれ兄弟と福澤幸雄はこのゲームに大いにハマった。ピンを自動的に並べるシステムはまだ発明されておらず、ピン・ボーイなる人間が転がったピンを手で拾い集めてピン揃え機に放り込んでいたのだが、指を入れる穴に百円札を入れてボールを転がし、ピン・ボーイを味方につけてから賭けに挑むというテクニックはここで覚えた。

東京ボウリングセンターの常連は、アメリカ人や日本人のモダンな遊び人、女性のファッション・モデルや、一流ナイトクラブのお姐さんたちなどであり、いかにも〈TOKIO〉的でインターナショナルな雰囲気だった。ある日、大人ばかりの東京ボウリングセンターに、素晴らしく可愛い、こましゃくれた十五、六歳の三人娘が現れた。さっそく、声をかけ友達になった。男の子たちはこの三人を〈チン・トン・シャン〉と呼んだ。このなかで〈チン〉と呼ばれた女の子は、ひときわチャーミングで賢く、また奔放で、男の子たちに大いにモテた。のちの女優、加賀まりこである。

戦後日本最初のアイドル、ロカビリーの大スター、ミッキー・カーチスや、かまやつひろしとも出会い、すぐ親しくなり、それ以来、彼らとの友情は今でも続いている。高校生が喫茶店に入ることさえ不良じみた行為であるとされた時代にボーリング場へ出入りしていた僕たちは、相当な不良だったのであろうか。

映画も全盛時代で、洋画・邦画、ともに盛況だった。特に、日活は新世代のスーパースター、石原裕次郎が彗星の如く出現し、小林旭、赤木圭一郎、宍戸錠など新スターが続々登場、ハリウッド的娯楽アクション映画で観客を熱狂させた。その日本初の映画会社・日活を創り、初代社長であったのが僕の祖父・後藤猛《たけ》太郎であるということは夢にも知らなかった。

遊び仲間の福澤幸雄、弟の光郎と。1959年頃。

ラ・サール高校で読書と剣道の日々

こうして楽しい思春期を謳歌していた慶應高校一年の終わりごろ、母から突然、「あなたたち、転校することになったわよ！」と一方的に伝えられた。

「ラ・サールという学校で、鹿児島にあるの」

「どうして転校するの？」

「ママはね、しばらくヨーロッパで演奏することになったの。パパもいないし、東京にあなたたちを残しておくと、遊んでばかりいて勉強しないで不良になっちゃうから、あたしが帰ってくるまで寄宿舎のある学校に預けることにしたの」

チンプンカンプンのまま、僕ら兄弟は華の東京を離れ、鹿児島郊外にある草深い田舎のラ・サール高校に転校させられた。その時代、東京から鹿児島へは、かなりの長旅であった。飛行機はまだ飛んでおらず、新幹線もない。ほとんどまる一日がかりの汽車の旅で、はるか鹿児島駅に着いたときにはフラフラになっていた。

そのころのラ・サール高校はグラウンドのすぐそばから砂浜が続き、やがて遠浅の海になり、桜島の火山が間近に展望できた。豪快な活火山なので頻繁に噴火が起き、ワクワクしながらそれを見物したものである。


到着して驚いたのだが、ラ・サールは、九州および近県の最優等生ばかりが集められた全寮制の高校で、東大入学率ベスト・スリーに入る優秀進学校だったのだ。カナダで創立されたカトリック系ミッション・スクールであるため外国人の神父が十人以上いた記憶がある。校長もカナダ人だった。泊まりがけの進学塾、といったところだろうか。なにしろ、彼らは中学校三年間ですでに高校の全教程はすませ、高校入学後は大学受験のための特別授業を行っていたのだ。

慶應高校一年レベルの学業でさえクラスで最下位だった僕が、どうやってこのラ・サール高校に編入できたのか、いまだに不思議でならない。当然のことながら、授業を受けていてもさっぱり意味がわからない。

全寮制なので、学校の授業が終わると、校舎のすぐ隣にある寄宿舎に戻り、夕食がすむとすぐに勉強させられる。大きな勉強部屋に入れられて、復習・予習・模擬テストを三時間以上も続けるのだ。おまけに、鬼のような赤ら顔の、どでかい舎監のカナダ人神父が勉強部屋を巡回する。勉強しているかどうか、見張っているのである。生まれて初めてのカルチャー・ショック体験であった。

女の子を意識してリーゼント・スタイルでキメていた髪は坊主頭にされてしまい、たまにラジオで聞かされる音楽は演歌ばかり。そういえばペギー葉山の「南国土佐を後にして」とか水原弘の「黒い花びら」が流行っていたおぼえがある。

九〇％以上の生徒が優等生、いわゆるガリベンタイプで、不良は一人もいない。優良進学校なのだから当然のことなのだろうけれど、なんだか寂しいような、つまらないような気持ちになってしまった。

遊び場にも行くことができず「コノヤロ！　グレテヤル！」といった気分の僕は、読書と剣道にのめり込んだ。

日本文学や翻訳小説、歴史書、哲学書、落語、そして劇画を、授業中に隠れて読み漁った。この時代の読書体験は、進学のための学業よりもはるかに役に立っている。

進学校にもかかわらず剣道部があったのは、武の土地柄でもある鹿児島だからだろう。入部してすぐに副将になった。部員は十人ほどいたが、みな弱くて話にならない。ところが、主将の畠山という男だけは特別に強かった。身長が百八十センチほどもあり、空手は有段者だった。豪傑タイプである。畠山とはすぐに親しくなり、毎日一緒に稽古をした。

近くの寺の住職が剣道の達人で、実践剣法としては日本最強といわれる〈薩摩示現流〉の心得のある人物だということを知り、二人で頼み込んで示現流の指南を受けた。稽古はかなり激しいものだった。二、三メートル間隔で立てた棒を、全力で駆けながら右、左と思い切り強く打つのである。当たる瞬間にしっかり両手を締めないと弾かれてしまう。手の平は痛くなり、腕は痺れ、辛かった。

日曜などに畠山と一緒に鹿児島市内の名物ラーメン屋〈小紫〉に行くときは、二人とも短めの木刀を持っていくことにしていた。地元の高校生に絡まれた場合に備えてのことだ。

ラ・サール高校は、ばんから気風の鹿児島の地元他校生にとっては、かなりシャラクサイ存在だったに違いない。鹿児島は薩摩藩の時代からよそものに対して排他的な気風があり、他県からの、しかも優等生ばかりのラ・サール校生徒は絡まれた。ラ・サール校の生徒はみな逆らわず、おとなしく謝って、金を巻き上げられていたのだ。畠山と僕は、相手が素手であれば、四人ぐらいはあっという間に叩きのめした。喧嘩はいつの時代でも先手必勝で、やるときは相手に準備の間を与えず、思い切りやってしまうこと。そして参っている隙に、さっさとすたこら引き上げてしまうのがコツなのだ。

そうこうしているうちに最初の期末試験があり、ほとんど質問の意味さえチンプンカンプンの僕はまったくのお手上げで、めちゃくちゃな答案用紙を提出した。当然ビリだと思っていたのだが、なんとビリから二番だ。それじゃあビリは誰だと、張り出された結果を見たところ、それは畠山だった。僕の答案用紙には、めちゃくちゃだがなにかしら書いてある。畠山は完全なる白紙提出であり、そこで差がついた。もちろん二人とも0点だ。

こんなコンビがラ・サール高校の剣道部で主将と副将を務めていたとき、奇跡が起きた。示現流の稽古のおかげで、われらがへなちょこ剣道部は地区予選を勝ち抜き、おそらくラ・サール高校で最初で最後の県大会出場を果たしてしまったのだ。一回戦で無念の敗退をしたけれど、良い想い出になっている。

畠山とは県大会のあと、二人で例のラーメン店で、盛大に残念会をやった。

父母の離婚

ラ・サール高校に転校して半年ほど経ったある日、弟が狐につままれたような顔をして一枚の新聞を持ってきた。

「ピアニスト・原智恵子、結婚！　相手は世界的チェリスト、巨匠ガスパール・カサド」

「挙式はイタリアのシエナ市で行われ、新居はカサドの住むフローレンスに」

という内容であった。

「え！　なんだこれは」

「兄貴、知ってた？」

「ぜんぜん知らない」

「僕たち、一体どうなっちゃうんだろうね」

弟は不安げな、暗い顔をしている。なにしろ、父はヨーロッパで文化活動中であり連絡はない。母からは、たまに「元気ですか？　ちゃんとしっかり勉強をしなさい」程度の手紙が来ることはあったが、父といつ離婚したのか、いつ再婚を決めたのか、ということについてはなにも書かれていなかった。ヤンチャだとはいっても、多感な高校生である。兄弟揃って途方に暮れてしまった。

父も母も、いわゆる日本的な家庭概念が極端に希薄な人種だったのだろう。

父は日本文化を世界に紹介することを一生のテーマとして、そこに強烈な使命感を抱いて生きた。父と会うときは外食が多く、家族揃っての自宅での夕食の記憶は数回しかない。

母は音楽家としての生き方に命を懸け、生き抜いた。そういう自分たちの生き様を見せることこそが、あるいは真の教育であると考えていたのかもしれない。

食事中、両親がフランス語で言い合いをしていたことがあるのだが、きっとそのころからなにかしらの問題が起きており、子供に聞かせぬようにとフランス語で話していたのだろう。

後年パリで暮らしたとき、フランス語を勉強したことがないのにもかかわらず、生活に困らない程度のフランス語がすぐに使えるようになったのは、両親の夫婦喧嘩のおかげなのだろうか。

さて、途方に暮れた気分の毎日を、相変わらずラ・サールの劣等生として送っていたある日、突然、父から「近く、鹿児島に赴き君たちに会い、話すことがある」という手紙が届いた。立派な感じのする筆使いと簡潔な文章。なにしろ滅多に会うことのない人である。弟と並んで、緊張して読んだおぼえがある。

それからまもなく、父が一人で鹿児島に訪れた。僕たち兄弟は、鹿児島湾を見晴らせる料亭の座敷部屋で、久しぶりに父に対面した。父は、緊張している僕ら兄弟を飄然とした顔でしばらく眺めたのち、母と離婚したこと、各々に新しい伴侶がいることを告げた。

「父と母が二人ずつになった、ということか」と考え、なんだか得した気持ちになった。

それから父は僕らに「ラ・サール高校にいて満足か」と訊いてきた。僕は猛然と、今の学生生活のひどい状況、チンプンカンプンな学業状況、もう飽き飽きしており、このままだと完全にグレてしまうだろうということを切々と訴えた。黙って聞いていた父は、その場で即、結論を出した。

「じゃあ、象郎は東京に戻ってきなさい」

弟は、どういうわけか、半年ほどあとに帰ることになった。

「おれのことを、置いていきやがって……」

後年、酔っ払ったときに、弟から小言を言われた。

それまでは両親不在の家でいつも一緒に遊んでいたので、弟には格別の想いがあったのだろう。

「ところで、君たちの新しいお母さんだが、梶子《かじこ》さんという名だ」

父が、少しうれしそうな顔で、ポケットから写真を出した。

そのころとしては標準よりもだいぶ大きいサイズの印画紙に、モノクロの、女性のポートレートが写っていた。漆黒の長い髪をまんなかで分けた、美しい卵形の顔の女性だった。切れ長の一重の目は、瞳が大きく、一瞬、弥勒菩薩を連想した。

鹿児島に来た父と。

タンタン

その年の冬休み、兄弟揃って父が住んでいる麻布笄町《こうがいちょう》の家を訪れた。

初めて会う梶子さんは、ニコニコ微笑みながらしげしげと僕らを眺めて「でっかいわね！　きもちわる〜い！」と第一声を放った。初対面の義理の息子に対するセリフとしては、かなりユニークである。ピアニストの母のところに来ていた、いわゆる上流婦人たちとはまったく違った、気さくで正直な人柄を感じ、僕はいっぺんにその人を好きになってしまった。

「あなたたちと一緒に暮らすことになったけど、お母さんなんて呼ばないでよ！」

「そうね、タンタンと呼んでね！」

タンタンとは、イタリア語であるらしい。しばらくして、「あなたたちのサイズで、服を用意しといたわ。試しに着てみて」と、洋服を両手いっぱいに抱えてきたタンタン。ズボンは上質なフランネルのグレーで、サイズもぴったり。ワイシャツやセーター、靴下など至れり尽くせりで、どれも抜群にセンスのよいものだった。ダサい学生服で毎日を過ごしていた僕ら兄弟は、すっかり感激して完全にタンタンの虜になってしまった。

それにしてもタンタンは、その姿や卵型の美貌に加え、イタリアに滞在し現代彫刻家のエミリオ・グレコのもとで彫刻家として美術に携わってきた経験、そしてなによりも生まれながらの美的才能と審美眼を備えていた。抜群のファッションセンスと料理の腕前、行動力、賢明さ、四か国語を操る語学力、もの怖じしない堂々たる姿勢、若者に対する気さくな態度、ときに見せる童女の如き無邪気さ。想い出すにつけ、こんなに魅力的な女性には二度と出会うことがないだろうという気がしてくる。

父はどこでこんな女性と巡り合ったのか。遠慮して訊くことができなかった。それよりも、不安でみじめだった鹿児島生活から解放され、父やタンタンと生活をともにできることがなによりも幸せだった。

タンタン

父・川添浩史と、生活のすべてがエレガントだったタンタンこと梶子さん。

伊勢昌之《いせまさゆき》とギターを始める

一九五〇年代末。文化的にも政治的にも、数々の象徴的な出来事が起きる激動の一九六〇年代を目前に、僕は高校最後の一年を転校先の和光学園で過ごした。

東京に戻った僕は、父・川添浩史と義母・タンタンの住む家の目の前に別の部屋を借りてもらい、いわゆる下宿生活を始めた。おそらく、ほぼ新婚の二人には、そのほうがなにかと都合が良かったに違いない。僕としても自由気ままに過ごすことができるので、まったく異論はなかった。

和光学園は僕にとって〝地獄のラ・サール高校〟とはまったく対照的なパラダイスであった。まず、制服がなく自由な格好で登校できること。この時代ではほかに類を見ないユニークなコンセプトの学校であり、校風はのびのびとしており、男女共学で生徒たちもみなそれぞれ好きなことに打ち込んでいた。

あるものは左翼運動にハマって、高校生でいながら学生運動に参加していた。あるものは音楽に打ち込み、学校にもあまり来ないで音楽活動をしていた。

大手の舞台制作会社・綜合舞台の社長である西尾栄男もこの学校で演劇に携わっていたらしい。彼とは縁があり、後年、一緒に仕事をすることになる。

またあるものは、不良学生スタイルで勝手に番長ごっこをやっていた。いわゆる不良学校であればわからないこともないのだが、ここでは生徒各々が好きなことをやっており、番長ノリは三人だけ。誰にも気にされることがない、どこか間抜けな存在の連中であった。

後年わかったのだが、あのミッキー・カーチスも和光学園にいたとのこと。二年先輩で、僕が編入したときにはもう卒業していて会うことはなかった。ちなみに、かまやつひろしも、和光学園に入りかけたらしい。ほとんどのアウトロー的学生を受け入れていたこの寛大な学校に、入れなかった珍しい例だとのこと。理由を訊いたら入学テストに寝坊して行かなかったらしい。いくらなんでも、それで入学できるわけがない。


和光学園に通い始めて、一生忘れることのできない一人の親友に出会った。伊勢昌之(通称・伊勢ッピ)という人物である。

細面で、牛乳瓶の底のように厚いレンズの入った黒ぶち眼鏡が目立った。画家の父とピアニストの母をもつ、感性豊かな芸術家タイプの男だ。同じクラスにいて、なんとなくウマが合い、二人一緒にギターを始めた。当時、エレキ・ギターは高価で手が出なかったので、スタンダードなガット・ギターを手に入れた。二人ともハマり症なので、毎日会ってはギター三昧になってしまった。といっても、ギター教室に通ったわけではなく、当時流行っていた洋楽系のポピュラー・ミュージックを手当たり次第に弾きまくっていたのだ。コードブックと呼ばれるギター用の楽譜も当時は作られておらず、手探りで歌のコードや和音進行を研究した。苦労してコードを発見したときの喜びは、なんともいえないものである。日本の演歌や流行歌には、二人とも一切興味を抱かなかった。もしかすると、クラシック・ピアニストの母の影響を受けていたために洋楽系のほうがしっくり感じられたのかもしれない。

伊勢ッピには喘息の持病があり、常に吸入器を持ち歩いていた。この薬物のせいで、あるときは異常な集中力でギター演奏にハマり込み、信じられないほどのユニークな和音進行を発見したものである。

本質は限りなく優しい、ナイーヴな心をもった男だが、持病からくる薬物多用により、短気になり、いきなりキレることがあった。変人だが、普段は人懐っこい、愉快なやつだった。

伊勢昌之は残念なことに一九九五年に亡くなってしまったが、その天才的な音楽性と独創的なギターの和音構成力で、日本のジャズミュージシャンの間で伝説的存在として語り継がれている。


この二人に、もう一人仲間が加わった。

約五十年来の親友・羽根田公男（通称・キーちゃん）である。

彼は、熱海の高級温泉旅館〈熱海石亭〉の長男であった。慶應中等部では弟の同級生で、よく遊んだ仲である。身長は百六十センチ足らず、両目が下がった柔和な仏顔で、やはり音楽が大好きだった。

ところが、人は見かけによらぬもので、当時すでに日本拳法の達人であり、空手の有段者であった。慶應高校、慶應大学と体育会拳法部に在籍し、その後、監督として拳法部を指導。全日本チャンピオンを育成した。のちに、日本拳法全国連盟の理事長として青少年の育成に尽力した。

そのころの彼の両手は、巻き藁叩きや砂山への指突き修行、手刀での瓦割り等々、乱暴極まりない練習によるひどいありさまで、とてもギターなど弾けるようには見えなかったが、一生懸命、僕や伊勢ッピとともにギターを弾いていたものである。

父もタンタンも僕がサボって登校していないことなどには無頓着で、僕はレーサーの福澤幸雄や、加賀まりこ、キーちゃん、伊勢ッピなどの遊び友達と、六本木、銀座、青山、赤坂、たまには渋谷あたりで、以前にも増して遊びまくっていた。

和光学園高校卒業の時期が迫ったある日、担任の先生に呼び出された。

「出席日数がまるで足りていないから、これでは卒業証書を渡せないよ」

「では、落第ということですか」

「そういうことになるね」

「勘弁してください。もう学校はたくさんです。なんとかなりませんか」

「それでは、春休みの間、学校に来なさい。そうすれば、なんとか取り計らうから」

「学校に来て、なにをすればいいんですか」

「なんでもいい。三時間ほど本でも読んで、それで帰っていいから」ということになり、春休みに辻褄合わせの登校をしたが、数日してバカバカしくなり先生に「もういい加減にやめませんか？　お互い疲れますから」「それもそうだな！」ということで、晴れて高校の卒業証書をもらうことができた。あと三か月で卒業というころ、突然父から訊かれた。

「君は、将来なにをやるつもりかね」

なにも考えていなかった僕は、戸惑った。なにかしら答えなければまずいと考え、「えっと、舞台や、音楽や、映画の仕事をしてみたいと思っています」「そうか。それなら大学へ行く必要はないな」「えっ、みんな大学へ行ってるんですけど、行かなくてもいいんですか」「君がやりたいことのために、日本の大学は役に立たない」「……そういうものですか、わかりました。じゃあ、そうします」

学校嫌いの僕にとっては願ってもない話であり、正直なところ「しめた！」と思ったことをおぼえている。

和光学園を無事に卒業後、しばらくは仕事などをせず、相も変わらず友達と遊びまくる毎日を能天気に、なんの不安も悩みもなく過ごしていた。遊ぶお金は、どうして手に入れていたのか、あまり記憶がない。父からは小遣いをもらったことは、ほとんどない。もしかしたら、タンタンにねだったことは、あるのかもしれない。

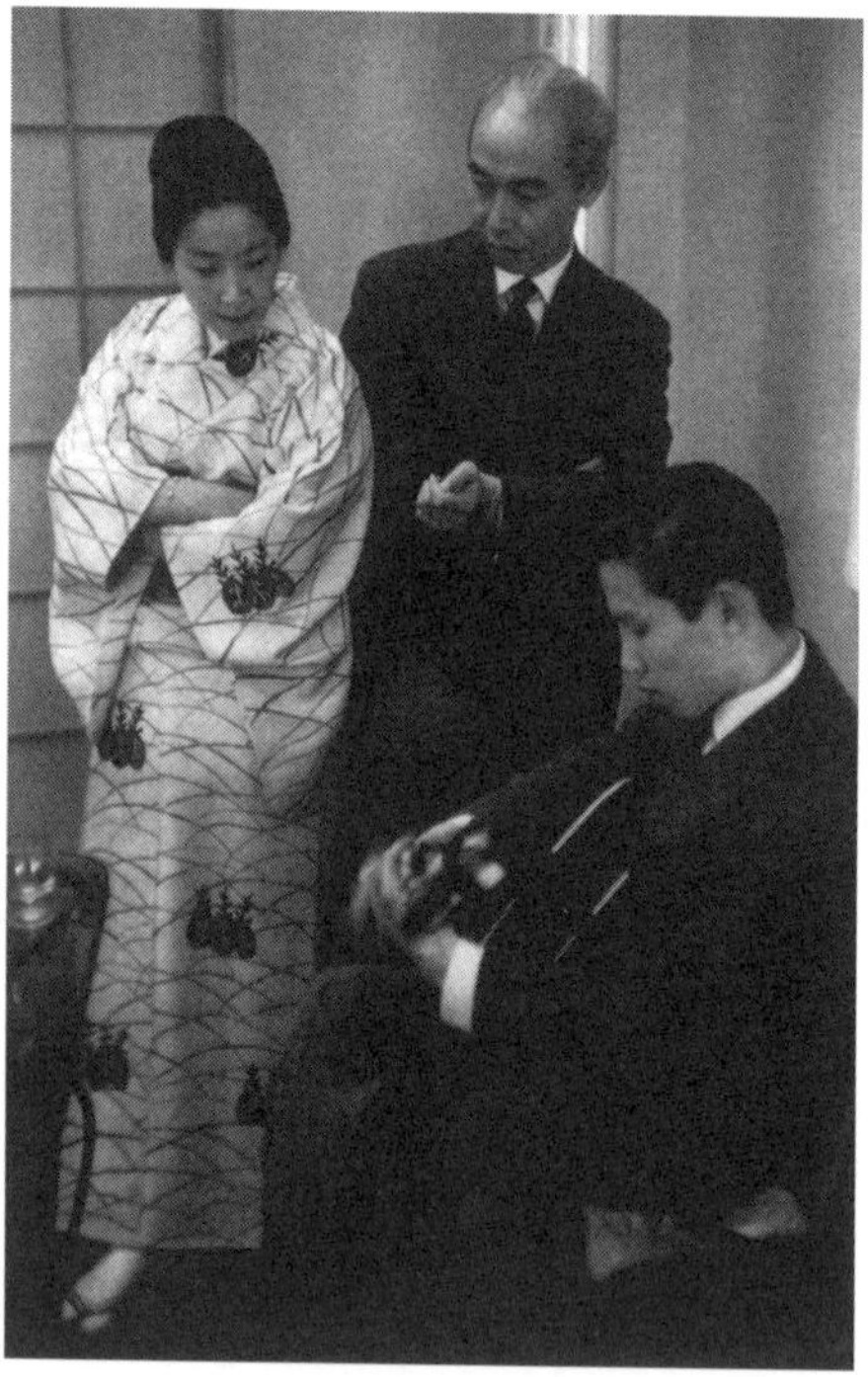

父とタンタンとリヴィングルームで。
1959年ごろ。ギターに夢中だった。
撮影：デニス・ストック

仲小路彰《なかこうじあきら》と光輪閣《こうりんかく》

僕の人生に影響を与えた思想家、仲小路彰のことを記したい。

第二次世界大戦を目前に、全世界がナショナリズムに傾いていたとき、地球文明時代〈グローバリズム〉の到来こそが人類の未来の必然であると提唱した思想家・仲小路彰。彼と知遇を得た川添浩史はその思想に傾倒し、ヨーロッパにおけるファシズムの台頭に戦争の始まりを予感して大戦勃発の寸前に妻のピアニスト・原智恵子とともに帰国する。

そして仲小路彰の推挙により昭和天皇の弟の高松宮殿下の特別秘書官に任じられ、戦後は〈光輪閣〉という迎賓館の責任者となる。

この光輪閣は高松宮殿下の邸宅を転用したものであり、その経緯は次のとおりだ。第二次大戦終了後、ＧＨＱによる富裕層解体政策により高松宮はべらぼうな金額の財産税を課され、邸宅までをも差し出さねばならなくなったとき、皇室財政の相談役である渋沢敬三が、父・川添浩史とともに「高松宮殿下の邸宅を文化振興のための迎賓館として貿易庁に預ける」という名目を考え出したのだ。つまり、GHQの接収から免れる手段として設立されたのが光輪閣なのである。

光輪閣は、格式の高い迎賓館として国際的な会議や宴会に用いられ、規律あるサービスと料理のうまさで評判だった。

この光輪閣という場を生かして父は、仲小路彰の提唱する〝未来の地球文明〟を実現するための具体的行動として国際文化交流事業を行っていた。日本の伝統文化を海外へ、海外の優れた文化や芸術を日本へそれぞれ紹介するのだ。

人は他者の善き部分を理解し、また自身の善き部分を伝えることができれば友情が芽生える。民族間の関係も同様だ。民族に固有の文化や芸術は、その民族の美しさを求める心より創られるものである。美しいものを媒介にして相互理解を深め、破滅的な争いを繰り返すことがないようにと願い、国際文化交流事業に取り組んでいたようだ。

そんなある日、父から呼び出された僕は、光輪閣を訪れた。

「ハンガリーの写真家が日本人のポートレート写真を撮るから、そのアシスタントをしなさい」

「なにをすればいいのですか」

「機材を運んだり現像を手伝ったり、言葉が通じないときには通訳をするんだ」

「わかりました。でも、写真のことはなにも知りません」

「そんなもの、やっているうちにわかるだろう！」

「はあ……」

これが、僕にとって、社会での初仕事になった。写真家・フランシス・ハールは寡黙だが大変精力的な人で、僕は毎日重い機材を運びながら彼の撮影仕事を手伝った。ポートレート写真といってもスナップではなく、しっかりと三脚を立て大きなカメラを用いる写真家だった。日本を代表する政治家や財界人、芸術家から市井の人々に至るまで、さまざまな〈日本人の顔〉を撮っていた。

手伝いをするなかでさまざまな分野の人に会うことができ、大変面白い経験であった。夜は、暗室で現像やプリントの方法を教わりながらその作業を手伝った。暗室にはいつも酢っぱい臭いが満ちていたことをおぼえている。

フランシス・ハールのアシスタント仕事を終えると、すぐにまた父から別の写真家の手伝いを命ぜられた。

ルネ・ブリという、スイス出身の写真家である。世界で唯一の報道写真家集団である〈マグナム・フォト〉のメンバーで、ハンサムで人懐っこく、気さくな人物であった。

ロバート・キャパと父の友情

〈マグナム・フォト〉は、一九四七年にパリで結成された世界で初めての写真家集団である。その時代に活躍していた国際的写真家、ロバート・キャパ、アンリ・カルティエ＝ブレッソン、デヴィッド・シーモア、ジョージ・ロジャーの四人を中心に、マリア・アイスナー、ウィリアム&リタ・バンディバート夫妻らによって創設された。彼らは、第二次世界大戦と連合軍によるナチス・ドイツからのパリ解放などを通じて、親交を深めた。

「われわれは、写真の話など一切しなかった。技術的なこと、写真の良し悪しなどより、もっともっと大切で、興味深い、本質的な世界の状況について語り合ったものだ！」とはカルティエ＝ブレッソンの言。親密な交流をもつうちに、彼らのなかにある種の視点が生まれた。

「写真家は、自分の撮った写真に、最終的責任を負っている。写真は、創作に基づくのではなく、常に事実に忠実であるべきであり、そしてなおかつ高潔でなければならない」

「写真撮影現場から、何千マイルも離れたところのオフィスにいる人間のきまぐれな指示に従うべきではない」

「写真を撮る道具は、カメラではなく、写真家なのだ」

写真の正当な所有者は、フィルム代を払った企業ではなく、わずか数セントの化学製品を自らのヴィジョンと才能で〝宝〟に変える力をもつ写真家自身である、と考えたのである。こうした理念のもとにスタートした〈マグナム・フォト〉は、世界で初めての、写真家による写真家のためのエージェントであった。エージェントといっても、マグナムは、写真共同組合的性格をもつ集団であり、それぞれの写真家が、題材や、テーマを自由に選び取材をしてくるという理想的でユニークな集団であったといえる。特筆すべきは、各写真家のネガを、写真家自身が所有し、マグナムはそれを管理しながら、写真家の著作権を守る、ということである。

この写真家集団の名称である〈マグナム・フォト〉はロバート・キャパが命名した。

スペインの市民戦争が勃発したとき、義憤を感じた小説家のアーネスト・ヘミングウェイは、私兵を編成して独裁者のフランコ軍と戦うことにした。冒険心が旺盛なヘミングウェイの血がウズウズしたのだろう。

ロバート・キャパは、パリのモンパルナスでヘミングウェイと知り合い仲良くなった。そのヘミングウェイに誘われて、この戦争に参加する。ところが、この私兵たちがフランスの国境を超えてスペイン領に入るやいなや、たちまちフランコ軍の正規兵たちに遭遇し、散々に撃ちまくられた。

ヘミングウェイの一行は散り散りばらばらになり、一目散に逃げまくるはめになる。ヘミングウェイとキャパは二人になってしまい、命からがらフランス領に逃げ帰り、とある農家の地下室に潜んだ。しばらくして暗い場所に目が慣れ、よくよく見渡すと、なんとそこは巨大なワインセラーだった。二人は数日間そこに滞在して美味しいワインを思う存分堪能したそうだ。二人が特に気に入ったのがワインの大瓶であるマグナム・ボトルだった。キャパはその想い出が忘れられず、発足した報道写真家集団の名前を〈マグナム・フォト〉と名付けた。

キャパは酒好きで、博打好きで、女好きで、冗談好きで、人懐っこく、冒険心の塊で、楽天家で、若者を助け、敵味方の区別なく人類愛に富んだ、ハンサムで魅力的な人だったらしい。なにせ、あのハリウッドの大スター女優・イングリッド・バーグマンを口説いて恋人にし、愛されまくったのだから。

キャパは本名をアンドレ・フリードマンといい、一九一三年、ハンガリーのユダヤ人の仕立て屋の息子として生まれた。
一九三一年、十八歳のとき、ベルリンに赴く。有名な写真機、ライカが出現したのが、一九二八年だったらしい。キャパはロシア革命の立役者の大物トロツキーの演説会場に、手に入れたばかりのライカを忍ばせ、撮影厳禁の会場で、持ち前のいたずら小僧精神と大きな度胸で、熱弁を振るうトロツキーの撮影に成功。これが報道写真家として初めての作品となった。なんせコートの下からの隠し撮りだからブレまくっているのだが、それがかえってドキュメンタリー的な迫力を感じさせる。

一九三三年、ドイツでヒトラー指導のナチス党の支配が確立した瞬間、キャパはさっさとパリへ逃げ出す。パリに来たキャパは無一文で、下宿代にもこと欠いていたらしいが、ニースで偶然出会った僕の父のアパートに転がり込んで住み始め、食事代も払わせ、おまけに朝から盛大な音を立ててシャワーを浴び、寝惚けて文句顔の父に、「日本人というのは、お前のように、朝は皆、仏頂面なのか？」と、怪訝な顔でたずねていたそうだ。

キャパがジャーナリズムの世界で脚光を浴びたのは、一九三六年に勃発したスペイン内乱の最前線で撮影した〈崩れ落ちる兵士〉と呼ばれる一枚の写真によってであった。ナチ党のフランコ率いる反乱軍に対して立ち上がったスペインの人民兵が突撃のために塹壕から飛び出したとき弾丸に当たってしまうのだが、その倒れかかる瞬間をとらえた写真がライフ誌に掲載されるや、彼は一躍注目を浴び、仕事が山の如くやってきたのだ。キャパが僕の父に語ったところによると、この民兵は、雨の如く降り注ぐ敵弾のなかに「ラ・クカラーチャ！　ラ・クカラーチャ！」と、当時大流行していたルンバを歌いながら飛び出したそうである。

第二次大戦に日本がドイツ・イタリアと同盟して参戦し、形の上では敵と味方になってしまったあとも、父とキャパの友情は変わらず続き、戦後になって父は毎日新聞社に働きかけ、一九五四年、〈ロバート・キャパ写真展〉を企画・開催した。この写真展に対する、父からの誘いにキャパが喜んで応じたのはいうまでもない。

写真展のために来日したキャパを、羽田空港に迎えに行った父は、十五年という激動の歳月を隔てた再会に、胸に去来するパリ時代の想い出、その後の戦争などの想いを抱きながら、キャパが姿を現すのを待っていた。税関から姿を現したキャパは、いち早く父を見つけ、満面の笑みで帽子を振りながら「おーい！　お前のパリを見てきたところだ！」と呼びかけながら近寄って、二人は固く抱き合ったそうだ。写真展は大成功し、来日中のキャパに、父は、「ぜひ、今の日本を撮ってくれ……！　広島、混血児たち、福竜丸の死の灰などとともに、美しい日本の風土、そして京都の桂離宮などを……」と、キャパを案内して回った。

焼津へと赴いたキャパは、降る雨のなかにつながれ、ビキニ島での原爆実験で被爆した第五福竜丸を黙然と見つめていた。銀座の街頭では、くつみがき、白衣の負傷兵、ねんねこのおかみさんなどに対し、「ここは写真家の天国だ！」と喜び、マグナムの仲間の誰にどれを撮らせたいとつぶやいた。そして、折からのメーデーの撮影のため、毎日新聞のトラックに乗せられた彼は、「これは一九三六年代のメーデーだよ！　人は僕がこんなものを好むと思っているみたいだけど、これは、日本ではないよ」と、いたずらっぽく笑っていた。桂離宮や東大寺に佇んだキャパは、シャッターを押すのも忘れ、日本文化の美に魅入らされていたという。

ちょうどそのころ、ベトナムでは、ホー・チ・ミンが率いるベトナム独立を目指す反乱軍が、植民地支配国であるフランス軍を追い詰め、ディエン・ビエン・フーにおいて壮絶な死闘を繰り広げていた。

ライフ社は戦闘のニュースを伝える写真家として、ロバート・キャパにベトナムへの急行を、突然、懇請してきた。父は「いまやマグナムのリーダーであるキャパが、危険な戦闘地に行くことはない」と、彼のベトナム行きに反対した。なにか不安な胸騒ぎを感じたそうだ。マグナムの仲間の報道写真家であるジョン・モリスも、わざわざニューヨークからキャパに電話をしてきて、「ライフが要請してきたからといって、マグナムのためにと、無理して行くことはない。嫌なら断ってくれ……」と言ってきた。キャパはモリスの友情をうれしそうに父に語り、かえってベトナム行きを決心したようだ。ベトナムに向かって旅立つキャパを羽田空港に見送りに行った父たちに、キャパは心配をかけないよう、陽気に振る舞い、空港のバーでウイスキーを騙った。

「帰りには、必ず、この日本に立ち寄るぜ……」と言う彼に、父が、「Ｂｏｎ Ｖｏｙａｇｅ！（いい旅を）」と言って、握手の手を差し出すと、短い旅にもかかわらず、なぜか彼は父を固く抱擁した。

父が、ロバート・キャパ戦死の報を受けたのは、その数週間後だった。

一九五四年五月二十五日、ハノイ南方にて行軍中のキャパは、ベトコンの地雷に触れ、両足を吹き飛ばされ、即死した。

キャパは第二次大戦の数々の危険な戦闘に参加し、ぶっつけ本番のパラシュート降下作戦をやり、極めつけは、あのノルマンディー上陸作戦において、最も激しい戦闘地になったオマハ・ビーチに、報道写真家としてはただ一人、上陸用舟艇に乗り込み、ビーチでの凄惨な戦闘シーンの撮影をスクープした。それでも生き抜いて世界中を驚愕させた古今未曾有の戦争報道写真家は、波乱万丈の人生を、最後まで彼らしく生き、終わりを告げた。

あの壮絶なノルマンディー上陸作戦の情景は、キャパの記録写真とともにアメリカの写真誌「ライフ」のグラビアを飾り、スティーブン・スピルバーグが監督した名作戦争映画『プライベート・ライアン』の冒頭に詳しく描かれている。

キャパの半生については、キャパ自身が書き下ろした『ちょっとピンぼけ』という自伝に書かれ、父・川添浩史がそれを翻訳して出版され、ベストセラーとなった。

以来、日本を訪れるすべてのマグナム・フォトの写真家たちは、必ず、父のもとに連絡が来て、父は、彼らにすべての便宜を計らった。亡き親友、ロバート・キャパへの、せめてものはなむけにしたかったに違いない。

父が亡き友のために訳した『ちょっとピンぼけ』（ロバート・キャパ著 川添浩史＋井上清一訳、ダヴィッド社）。カバー写真は、アンリ・カルティエ＝ブレッソンが撮った競馬場でのキャパ。

キャンティ開店

一九六〇年、タンタンはイタリアン・レストラン〈キャンティ〉を、港区の飯倉片町にオープンした。六本木交差点から東京タワーに向かう道沿いにある一角で、三階建ての小さなビルの地下一階を借りて、この店を創った。イタリア料理専門店としては日本で最初の店である。

イタリア料理店は、ピッツェリア（ピザ専門）、トラットリア（軽食屋）、リストランテ（本格的レストラン）の三種に大別される。六本木にはニコラスやシシリアというピッツェリアがあったが、リストランテとしてはキャンティが日本初の店である。ニコラスのオヤジは、アメリカから来たマフィア系でキャンティがオープンしたとき、「縄張りを荒らすな！」というノリでやってきたが、タンタンに流暢なイタリア語で一喝されてすごすごと引き上げたらしい。

この時代、銀座と新宿、渋谷は繁華街であったが、六本木は現在のような繁華街ではなく、まだ都電が走っていた。まして飯倉片町は陸の孤島のような場所であった。ただ、付近に各国大使館が多いためクラブやバーがわずかに存在し、夜遊びが好きな彼らのためめに、これらの店は深夜まで営業していた。タンタンは夜型体質なので、キャンティも深夜三時～四時まで営業することにした。

オープンのときも、特別なオープニングをやらず、おそらく知り合いの何人かに電話で知らせただけのようだ。初日の最初の客は、歌手のペギー葉山、ジェリー伊藤、そのほか五～六人だった。僕は、二、三日前に青山ボウリングセンターで会った加賀まりこや福澤幸雄に、店に来ないかと誘った。

タンタンはキャンティのお店の内装をすべて彼女のセンスで行った。店に入ると、まずすぐ目につくのはテーブルの上に釣り下がっている色とりどりの照明である。これはタンタンがぜんぶ手で縫って作ったものだった。店が開店したときにそれを見た川添浩史が「こりゃ、ハワイの提灯行列のようだな！」とひとことつぶやいていたのが可笑しかった。この照明は令和時代の現在もそのまま残っている。

この店の初代シェフは佐藤益夫という人で、細身の職人気質の真面目な人物だった。イタリア大使館、フランス大使館で調理人を務めた。

タンタンはキャンティの前に、新橋でマルタというトラットリアを経営していたのだが、佐藤はそこでシェフをやっていたそうだ。

キャンティがオープンする半年ほど前から、佐藤ほか数人のコックたちがほとんど毎日のように家に来て、タンタンに料理を教わっていたのをおぼえている。タンタンの料理の手際のよさと、その味は天才的であった。当時の日本にはイタリア料理を知るコックがまったくといっていいほどおらず、彼らはすべてのメニューをタンタンから教わっていた。現在のキャンティのほとんどの名物料理は、タンタンがそのころに創りあげたものである。今でこそ珍しくないスパゲティ・バジリコも、キャンティが初めて出したものだ。バジルの葉は日本で入手することができなかったので自家栽培し、シソの葉を混ぜて独特の味を創りあげた。キャンティのスパゲティ・バジリコは、今でも日本一うまい。

のちに、真の親友として僕の人生に大きな関わりをもつことになる、作曲家・村井邦彦は当時まだ高校生で、友達の山田和三郎（日本橋の漆器老舗・山田平安堂の一族）に「緑色のスパゲティを食わせてやる」と誘われキャンティに足を踏み入れたそうだ。オッソブーコ（子牛脛肉の煮込み）、カツレツ・ミラネーゼ（ミラノ風カツレツ）、マンゾ・ア・ラ・ピエモンテーゼ（ピエモント風牛肉のソテー）、ポロ・ア・ラ・ロマーナ（ローマ風・鶏と野菜の土鍋煮）などといった人気料理は、開店から六十年近くが経とうとしている現在もキャンティの定番メニューとして存在している。キャンティの経営を引き継いだ弟の光郎が、頑固にそして大切に、これらのメニューを守ったからだ。

キャンティを創業したきっかけはふたつある。ひとつは、父が取り組んでいた国際文化交流の事業で外国人を日本に招いた際、公式のパーティーは光輪閣で行っていたが、夜のプライベートな時間に彼らが気楽にくつろげる場所を作りたかったということ。

もうひとつは、タンタンのその溢れんばかりの創造力を発揮する場を与えたいという父の希望だ。

その想いに応えるように、日本を訪れる父関係の海外の芸術家たちが出入りし、まるで自宅でくつろぐような気分で時を過ごす場所になっていった。タンタンの美しさと社交性、西洋文化に関する教養そして語学力は、この店で遺憾なく発揮された。ほどなくして、彼ら西洋人芸術家に加え、日本のあらゆる文化人や芸術家も店を訪れるようになり、父とタンタンは彼らを互いに紹介して交流を促そうと心がけた。

思い出すままに名前を挙げると、建築家では丹下健三と村田豊、映画関係では勅使河原宏や黒澤明、八千草薫、黒柳徹子、若尾文子などの女優たち、勝新太郎、赤木圭一郎、伊丹十三といった俳優、作家では三島由紀夫、柴田錬三郎、石原慎太郎、安部公房、大江健三郎、星新一などがキャンティの常連だった。

音楽関係では黛敏郎、武満徹、浜口庫之助、画家の今井俊満や岡本太郎、それから松竹の会長である永山武臣、および歌舞伎役者たち、舞踊家の吾妻徳穂、花柳流宗家の二世花柳壽輔、舞踏家の伊藤道郎、浅利慶太、千田是也、写真家の秋山庄太郎、立木義浩、ファッションデザイナーの石津謙介、タレントプロダクションで当時の最大手・渡辺プロダクションの渡邊美佐、ジャニーズ事務所のメリー喜多川、日本の代表的な文化人のほとんどが来ていたといってもよいだろう。

また、高松宮殿下と父の関係から、皇室関係の方々も訪れた。スポーツ界では、野村克也・沙知代夫妻、長嶋茂雄などをよく見かけた。これらの人々は、父やタンタン世代の人たちで〈キャンティ第一次世代〉といえる大先輩である。

これらの大先輩に交じりたくて、僕たち〈キャンティ第二次世代〉の仲間が若さにまかせて毎晩キャンティにたむろし始めた。

福澤幸雄、ミッキー・カーチス、かまやつひろし、加賀まりこ、安井かずみ、大原麗子、いしだあゆみ、頭山秀徳、内田裕也、グループ・サウンズ・ブームのスーパー人気バンド・スパイダースのリーダーでドラマー、いまやタモリなどを擁する大手プロダクションとなっている田辺エージェンシーの総帥・田邊昭知、堺正章、そしてタイガースの加橋かつみなどは、ほとんど家族のような感覚で、店ばかりでなく家にも出入りし、あるものは数か月も居候を決めこんでいた。

田邊昭知は、皆に「ショーちゃん」と呼ばれており、同じショーちゃんでは紛らわしいので、僕は通称「ショータロー」と呼ばれた。

福澤幸雄やミッキーは、そのころ流行り始めたカー・レーシングにハマり、その関係で、日本レース会の草分け、生沢徹、式場壮吉らもよく現れた。カー・レーシングはまだ大衆化されておらず、資本も必要なためそれを楽しむのは裕福な家庭の若者や人気タレントに限られ、初めのころは「日本グランプリ出場者はキャンティ族ばかりだ」などと言われていたようだ。

また若手音楽家では、村井邦彦、三保敬太郎たちが常連であった。のちに一世を風靡したアパレル・メーカー〈アルファ・キューービック〉を起業する柴田良三、現在ノースウエスト航空顧問・馬忠仁、前述の羽根田公男たちは、弟・光郎の学友グループである。

キャンティ本店の2階。画家の今井俊満の姿も見える。

キャンティでイヴ・サンローランと会食するタンタン。
毎夜、各界トップの文化人が集まった。

福澤幸雄や加賀まりこたちと

僕たちの共通項は、世にいう不良ノリの若者たちであるということだ。不良といっても、弱いものをいじめたり、かつあげしたりといった程度の低い下品な行動をするものはいない。学校の勉強など眼中になく、自分が興味のあることにそれぞれ夢中になっている連中である。皆、いたずらにかけては一流であった。

深夜は、人通りも車の往来もほとんどないのだからと、キャンティのある飯倉から六本木交差点まで、六本木通りを車で競争したりした。都電の線路をはさんでのレースであるため、一方は反対車線をぶっ飛ばすことになるわけだ。六本木交差点には交番があるが、その時間はお巡りも居眠りしており、僕らのでたらめに気がつかなかった。

あるとき福澤幸雄が、スピード違反で止められたときに外人顔とフランス語力を武器に警察官を煙に巻いて逃げおおせた、というエピソードを得意になって皆に話した。それを聞いていたかまやつひろしが真似をして、なにかの違反で止められたときにでたらめ英語で警察官を煙に巻こうとしたところ、相手が英語に堪能でしかも芸能通だったものだから「いい加減にしなさいよ、かまやつさん！　昼間テレビに出てたじゃないですか」と簡単にバレて切符を切られたという話は大いに笑えた。

女の子では、女優の加賀まりこ、小川知子、いしだあゆみ、大原麗子、作詞家の安井かずみたちはまだ十代で、利口で可愛いので、男の子たちにモテまくっていた。そのころ、まだ十六歳だったユーミン（松任谷由実）は八王子の実家から電車を乗り継いで六本木までやってきた。

彼女たちは独立心が旺盛で、男に従属するタイプではなく、自主的に自由に恋人を選ぶ新時代の女性であった。

そのころようやく日本人にファッションの意識が芽生えてきて、ファッション・モデルが出現し、また、当時全盛だった銀座のクラブや赤坂のナイトクラブのお姉さんたちは、店が終わるとオジさんたちに連れられて夜食をしにやってきた。

仲間の誰かが、ニューフェイスの可愛い女の子をうっかり連れてくると、ちょっと油断している隙にすぐ皆で寄ってたかってそいつの悪口を吹きこみ彼女をさらっていくので、重々気をつけねばならなかった。

父やタンタンは、これら第二次世代の若者たちを息子や娘のように可愛がり、相談に乗ったりした。

「子供の心をもった大人たちと、大人の心をもった子供たちへ」というのは、キャンティができたころに父が作った言葉だ。例によって詩人的気分の漂うキャッチコピーである。

第二次世代の連中は、金のあるときは飲食代を払っていったが、ないときは「あるとき払いの、催促なし」ならまだいいほうで、ぜんぶタンタン、父が奢っていたような有様であり、要するにそのあたりはアバウト極まりない店であった。よく経営がもったものだと不思議でならない。メニューの値段はかなり高く、ラーメン一杯四十円前後、帝国ホテルのスパゲティ・ミートソースが百五十円ほどであった時代に、キャンティのスパゲティ・バジリコは三百円だった。きっと、第一次世代の大人たちが払っていてくれたのだろうと思う。大人たちは、僕ら悪ガキを白い眼で見たりはせず、大いに可愛がり、ときにはキチンと叱ってくれた。

たとえば、ある晩のキャンティはこんな具合。奥の角のテーブルでは、ハリウッド女優シャーリー・マクレーンとシャンソン歌手のイヴ・モンタンを前に、作家の大江健三郎が難しい英単語を駆使して文化論を話しまくっている。しかし、大江の発音が日本人的であり聞き取れず、シャーリーとイヴはキョトンとした顔で聞いている。その隣のテーブルでは、日本初のコレクションでパリからやってきた若きデザイナーのイヴ・サンローラン一行とタンタンがニコニコと歓談しており、反対の壁際では、口をへの字に曲げて着物姿でスパゲティを食べている、時代小説で有名な作家の柴田錬三郎に対して父が食べもの談義を開陳している。それらのテーブルそれぞれに、われら第二次世代の連中がチャッカリ交じりこんでいるのだ。

なんとも浮世離れした不思議な空間である。

「私は女優になる前の十代のころからキャンティに出入りしていたけど、パパ(川添浩史)やタンタン、大人の人たちの会話にとっても興味があり、いつも耳をダンボにして聞き入っていたのよ」と加賀まりこは話している。

高卒でロサンゼルスへ

一九六〇年、僕は初めての海外体験としてアメリカへ行くことになった。

父の友人であった日本在住のアメリカ人プロデューサー、スティーヴ・パーカーが、芸者をテーマにしたハリウッド映画『青い目の蝶々さん』の製作を手がけ、日本ロケを行うことになり、父は、例によってそのプロダクションのアシスタントに僕を突っ込んだのだ。スティーヴ・パーカーは日本が大好きで、日本に住んでいたこともあり、娘に「SACHIKO」という名前をつけたというのだからよっぽどである。

スティーヴ・パーカーの奥さんは、当時のハリウッドの大スター、シャーリー・マクレーンで、この映画の主役であった。シャーリー・マクレーンは、ヒッチコック監督の『ハリーの災難』という映画で一躍スターになったキュートな魅力の女優である。

競演の俳優は、フランスの大歌手で俳優のイヴ・モンタンである。イヴ・モンタンは、歌手としては『枯葉』の大成功でスターとなり、俳優としては名作フランス映画『恐怖の報酬』が有名だ。

　ロケ・スタッフの人数の多さと物々しさからハリウッドらしさを感じた。僕は弁当運びをやらされ、山を降りたり登ったりで、ヘトヘトになった。シャーリー・マクレーンも、イヴ・モンタンも気さくでいい人たちで、冗談を言いながら僕を可愛がってくれた。

　そのスティーヴ・パーカーが、ラスベガスの代表的カジノホテル〈デューンズ〉のディナーショウ・レストランで、スペクタクル・ショウをプロデュースすることになった。『フィリピン・フェスティバル』と銘打ったこのショウの舞台セットを、当時の日本の舞台美術家の重鎮・中嶋八郎がやることになり、そのアシスタントとして僕を連れていくようにと父がスティーヴ・パーカーに頼んだらしい。どうやら快く承諾してくれたようだ。

というのは、僕自身はそのような話が進んでいることをまるで知らなかったのである。例によって、ある日突然父に「……ということになったから、アメリカに行ってこい」と言われ、根が素直で楽天的な僕は「はあ、わかりました」と、すぐに返事をした。

　実は舞台美術とは、どんな仕事かわからず、それに初めての外国なので、正直いうと少々不安だったのだが、同時に例のワクワク気分を抱いており、こちらの気持ちのほうが強かったのだ。学校での英語はからきし駄目だったが、キャンティに外国人が出入りしていたため、西洋人に対するコンプレックスは皆無で、要は、なんとか意思が通じればよいのだし、ヒアリングには多少の自信があったので「行っちゃえばなんとかなるさ！」と考えたのだ。

一九六〇年秋の終わり、羽田空港。

僕は、スティーヴ・パーカー、シャーリー・マクレーン、中嶋八郎とともにハワイ経由でロサンゼルスへ行く飛行機に乗った。前の晩にキャンティに来ていた加賀まりこが、普段の気の強さと打って変わって、「ショータロー、気をつけてね……手紙書いてあげるね……」と、優しく言ってくれた。父やタンタン、光郎は、見送りに来てくれた。初めての海外への旅で興奮しており、空港での詳細は忘れてしまった。飛行機はプロペラ機であった。

茫洋としたとりとめのない風景のロサンゼルスに到着し、大スターのシャーリー・マクレーンを迎えに来た大きなリムジンに乗せられて、まず、シャーリー邸に赴いた。

ともかく、人間も道具も車も便所に至るまで、なにもかもが日本の三倍はでかい印象があった。

ロサンゼルスの街の風景は、夕方に着いたせいか、ビヴァリーヒルズの丘に登っていく途中から見える町の明かりが眼下一面にキラキラと輝き、美しさに感動した。

シャーリーの家に着くと、特大の皿に山盛りのキャビアが出てきて、シャンパンが抜かれ、ショウのメイン・スタッフが五人ほど集まっており、紹介され、すぐに彼らは酒宴を始めた。アメリカ人はタフである。旅の疲れの上に、下戸の僕はすぐフラフラになり、いくつもある部屋のひとつに引っこんで、バタン・キューになってしまった。そのとき、僕は十九歳だった。

それから約四年間、日本を離れることになるとは、夢にも思っていなかった。

ロサンゼルスのシャーリー・マクレーン邸にて。
僕の舞台美術の修行時代が始まった。

ラスベガスで舞台芸術を体得

ラスベガスはアメリカ合衆国西部、ネヴァダ州南部の砂漠のどまんなかにある、アメリカ最大のカジノ・シティである。一八二〇年代後半にユタ州ソルトレイクシティーからカリフォルニアを目指すモルモン教徒たちが、ネヴァダ砂漠を渡っているとき窪んだ地形のこの土地を見つけ、オアシスとなっていたことからスペイン語で肥沃な土地を表す〈ラスベガス〉と名付けた。

一八四〇年代末のカリフォルニア・ゴールド・ラッシュの時代には、旅人たちの貴重な中継地点となり、定住するものが現れた。鉄道の開通にともなって、水の便のよいラスベガスは蒸気機関車への給水地となり、現在のダウンタウンに駅が造られた。一九三〇年の大恐慌時代に、さしたる産業のないネヴァダ州は税収確保のため、ギャンブルを合法化した。そして近郊にフーバー・ダムが建設され、たくさんの労働者が流れ込み、安価な電力が得られたこともあって、街は大きく発展していった。

そこに目をつけたのがニューヨーク・イタリアン・マフィアの大物、ベンジャミン・シーゲル、通称バグジー・シーゲルである。彼は、仲間のマフィアの親分、ラッキー・ルチアーノたちから金を集め、一九四六年、最初のカジノ・ホテル〈フラミンゴ〉を造った。カジノが儲かることがわかったマフィアたちは、続々と、カジノ・ホテルを建設した。一九五〇年、六〇年代のラスベガスはマフィアが支配していたのである。

あの大歌手フランク・シナトラも、仲間のディーン・マーチンたちと〈サンズ・ホテル〉を経営していた。シナトラがマフィアの一員であったことは有名だ。

そんな時代のラスベガスに、僕はショウ・スタッフの一人として一年を過ごしたのだ。僕のショウ・ビジネス・キャリアの第一歩である。現在は、大企業が投資した巨大カジノ・ホテルが四十近く立ち並ぶメイン・ストリートだが、そのころはまだ七〜八軒のホテルしか建っていなかった。どれもこれも、マフィアの息のかかったカジノ・ホテルである。

よくもこんな砂漠のまんなかに強引に街を作ったものだと半ば呆れたが、前述のフーバー・ダムから供給される豊富な水と電力が背景にあったのだ。しかし、街から車で二十分ほども出ると、見渡す限りの荒涼とした砂漠地帯になってしまい、行くところもなければ、すれちがう車もほとんどなく、なにもすることがない。特に夏は酷暑なので、外に出ていく気もせず、退屈極まりなかった。

着いてしばらくは、中嶋が日本から送った舞台装置の資材待ちで、宿泊場所として与えられた安モーテルで時間をもて余していた。

さて、僕が参加した『フィリピン・フェスティバル』というショウは、メイン・ストリートの高級カジノ・ホテル〈デューンズ〉の大ディナーレストラン・シアターのメイン・アトラクションだったのだ。

スティーヴ・パーカー、シャーリー・マクレーン、中嶋八郎に連れられて、わけがわからないままラスベガスへ到着した僕は、翌日から中嶋のアシスタントの仕事に取り掛かった。といっても、舞台美術の仕事とはなんだかまったく知らず、もちろん経験もなく、めくらめっぽうに中嶋に言いつけられたことをこなしていった。しばらくして、「これは要するに、大工仕事なんだ」ということがわかってきた。中嶋は、もちろんのこと、ショウの全内容を把握しており、美術デザイン・設計をするだけではなく、作りあげていく作業も自らさまざまな大工道具を使ってやる人だった。普段は無口で黙々と仕事に没頭するタイプで、内容説明もなく作業に徹しているので、僕はチンプンカンプンのまま、まったくやったことのない大工仕事の手伝いをしていた。おそらく、作業に関しては役に立たないアシスタントだったのではないかと思う。ただ、中嶋は英語が苦手だった様子で、僕がアメリカ人の美術スタッフとの通訳をなんとかこなしていたので、その部分では多少手伝うことができていたかもしれない。

本当を言えば、ラスベガスに着いたばかりの僕の英語力は、かなり怪しいものだった。ただ、若さのせいか、ＤＮＡの賜物か、図々しさのおかげか、一か月も経ったころには自分でも驚くほど英会話が上達していた。ほかに日本人がおらず、英語しか通じない環境にいたことも幸いした。

ふと想い出したのだが、ラスベガスに着いて二日目の夜、今でも信じられない夢のような人物に出会ったのだ。

皆で舞台の下見に行ったとき、二名のボディガードを従えた若者が颯爽と歩いてきて、スティーヴとシャーリーを見るや、ツカツカと彼らに挨拶しに近づいてきた。輝くようなオーラを発している眉目秀麗なその若者は、なんとあのスーパースター、エルヴィス・プレスリーだったのである。

キャンティで出会う有名アーティストや有名人にはもの怖じしたことがなかった僕も、この出会いの瞬間は今でも脳裏にありありと刻み込まれている。

彼は非常に礼儀正しい態度と言葉で、スティーヴ、シャーリーと会話を交わした。スティーヴへは言葉の最後には必ず敬語の「サー」を付け、シャーリーへは「マム」を付けていたことを鮮明におぼえている。目上の人に対する、アメリカ南部出身者独特のお行儀の良さなのかも知れない。脇で固まっていた僕を、スティーヴがエルヴィスに紹介してくれたとき、思わず僕は彼にサインをしてくれるよう頼んでしまった。「お安い御用だぜ！」と言ったかどうか定かではないが、彼はにこやかに、爽やかにサインをしてくれた。

僕はそのサインをさっそく、東京にいる弟の光郎に送った。兄弟一緒に六本木でフラフラ遊びを始めたころ、ジュークボックスのある店で何時間も粘り、アメリカのポップ・ミュージックに憧れ、聴いていたそのスーパースターに会ってしまったという手紙を書いた。ラスベガスはそのころすでにアメリカ・ショウ・ビジネスの中心地のひとつになっていた。

やがて、フィリピンから出演者たちが続々と到着してきた。ダンサーや、歌手たち、総勢六十名に及ぶ大カンパニーになった。全員が厳しいオーディションを潜り抜けてきた一流の芸人たちだった。歌手たちは、現地では有名で、ベテランに近い人たちだが、踊り手たちは若いピチピチの男女だ。皆、舞台を離れれば無邪気で可愛い子たちばかりだった。

彼らにとっては、当時のアメリカは憧れの国である。

日本から、ストリッパーの踊り手たちが十名やってきて、ショウに参加した。主に日劇から来た一流どころのお姐さんたちである。色気のある日本人のお姐さんたちが来てくれて、すっかりうれしくなってしまった。四百年間スペインの植民地支配によるキリスト教国のフィリピンでは、ストリップは禁止されていたので、日本から調達するしかなかったのだろう。

ホテルの舞台では激しいリハーサルが始まった。

中嶋八郎と僕は大道具制作用の大きなスペースで、稽古を垣間見る暇もなく、日本から到着した大道具の組み立てや現地調達の材料を使ってのセット作りに精を出した。

ショウに雇われた大道具係のアメリカ人スタッフも、中嶋の指示の下、セット制作を手伝ったが、彼らは全員ステージハンズ・ユニオン（舞台裏方組合）に所属していて労働時間が厳密に規定されているため、定時を迎えるとサッと仕事をやめて帰宅してしまうのだ。中嶋は、そのペースではショウの開幕に間に合わないと思ったのだろう。

「ったく、役に立たないやつらだ……」

と、ぼやきながら、僕を助手に深夜まで大工仕事に精を出した。

このスペクタクル・ショウの内容に関しては、今はおぼろげにしかおぼえていないが、フィリピンの歴史を縦軸に、現代までのフィリピン文化・風俗を、踊りと歌を織り込みながら表現する、大掛かりなスペクタクル・バラエティ・レビューである。古代の平和なジャングル生活の場面では、舞台に滝が流れ、頭にさまざまな果物を載せた乙女たちが現れ、長い竹の竿の両端をそれぞれ両手に持って竹竿を打ち鳴らす間を、巧みにステップを踏みながら挟まれないように踊る、アクロバティックな舞踊があったり、これはフィリピンのものかどうかわからないのだが、体を反らして横に渡した棒の下を倒れないように仰向きに潜り抜けるリンボーダンスがあったり、要するにアメリカ人が感じる東南アジア風エキゾティズムのごった煮のようなショウであった。

そのうち、スペイン植民地時代に物語は移り、ここでは「ある愛の物語」や「ラ・マラゲニア」などといった、当時日本でも流行っていたスペイン語の曲が歌われる。実は、この二曲はどちらもメキシコの流行歌で、フィリピンともスペインとも関係がないのだが、観光客相手のラスベガスならではの鷹揚さといい加減さでまとめられていた。やがて初日が開幕。舞台の出来は上々だったようで、毎晩満員の盛況だった。

舞台美術制作の仕事は、幕が開けば用済みなので、開幕二週間ほどして中嶋八郎は帰国することになった。僕も一緒に帰ることになるのかと思っていたら、舞台監督のエディに呼ばれて「君は、もう少し残ってステージマネージャー・アシスタント（舞台監督助手）をやってみないか？」というオファーが来た。スティーヴ・パーカーが、父から「息子に、舞台関係の修行を積ませてやってくれ！」と頼まれたのかもしれない。あるいは、日本人ストリッパーたちが参加しているので通訳兼面倒見役として使えると思ったのかもしれない。僕としても二か月ほどで帰国するのはもったいないなという気がしていたので、二つ返事で引き受けた。

ラスベガスでは、そのころの日本ではレコードでしか聴くことのできないスーパースターたちのショウを、あちこちで観ることができた。ハリー・ベラフォンテ、フランク・シナトラ、ディーン・マーチン、サミー・デイヴィス・ジュニア、エディ・フィッシャーなどのショウが始終行われていた。そんなアメリカ・ショウ・ビジネスのメッカのような場所にいられるなら、そして彼らのエンターテイメントを好きなだけ見られるなら、ここで帰ってしまうわけにはいかない。

ただ、僕はそのステージマネージャーの仕事内容がどういうものなのかまったく心得ておらず、ただシンプルに、例のワクワク気分の虫が起こって軽く承諾してしまったということなのだ。

アメリカでステージマネージャーに

実はこのステージマネージャーというのは、大きな責任のあるポジションだった。

アメリカのステージの世界では、舞台が開くまではディレクターが絶対権をもってショウを創りあげ、ショウがオープンすると初めの二週間くらいこそダメ出しや修正でディレクターがいるが、ショウがまとまってからは運営の一切の権限をステージマネージャーが握り、毎日のショウ運営を管理していく決まりになっている。毎晩、公演されるショウの進行のすべては、ステージマネージャーの指示で動き、ショウの始まりから終了までのキュー（きっかけの合図）は、すべてステージマネージャーから出される。

音楽のスタート、照明、音響、大道具の移動、小道具の使用、衣装のチェック、そして出演者の舞台への出入り、そのほか諸々、舞台進行のすべてにわたる事柄を取り仕切る仕事なのだ。その上、ステージユニオンの規定で、照明係も、音響係も、大道具係も、全スタッフは、ステージマネージャーのキューなしには動かない、動けない仕組みになっている。その代わり、ステージマネージャーの権限は絶大で、たとえば主役級の出演者でも楽屋入りを遅刻したりすると、初めは〝注意〟が出され、二度目には〝出演禁止〟を命ぜられ、代役に代えてしまう権限まで有している仕事なのだ。

というわけで、ステージマネージャー・アシスタントに鞍替えした僕は、エグゼクティブ・プロデューサーのアラン・リーの計らいで、ステージユニオンから正式な〈ステージマネージャー・ライセンス〉を与えられ、仕事に取り掛かった。

おそらくアメリカン・ショウビジネスで、日本人としては最初のライセンス取得者だろうと思う。といえば格好がよいのだが、実態は、エディの下にはアシスタントの、ジャック・イエンチェックという青年がおり、僕はその下のアシスタントになったので、要するに、パシリのようなものなのだ。幸いにこのショウは好評で、その年いっぱいの公演が決まった。

僕はショウのオープンまではモーテル暮らしだったが、ステージマネージャー・アシスタントの職にありついて、長居することになってしまったので、ジャックの厚意で彼が借りていた一軒家に越すことになった。もちろん家賃は彼とシェアするのだが、ショウの進行を覚えるのにも、英会話を磨くためにも、そのほうがなにかと都合が良かった。

初めは、舞台が始まるとジャックのそばから離れず、ショウの進行を覚えることに夢中だった。なにせ、ステージマネージャーの仕事においてはキューを正確に出すことが最重要なのである。油断してうっかり出し損なうと、ショウ全体の進行が狂ってしまうのだ。

キューには、ナンバーが割り当てられており、インカムを使って各セクション（照明・音響・舞台転換など……）に指令を出す。キューは主に舞台下手にいるチーフのエディが出すが、場面によっては上手のジャックに引き継がれることもある。『フィリピン・フェスティバル』はとりわけキューの数が多く、複雑であった。数にして五百はあっただろう。ただ、音楽が中心の舞台づくりになっていたので、門前の小僧ではないけれども、音楽に敏感な家庭環境に育ったことが幸いした。まもなく、すべてのキューを覚えてしまった。


三か月ほど過ぎたころから、エディがたまに休みを取るようになり、そんなときにはジャックがチーフを、僕は上手側を受けもつアシスタントを担当するようになった。

「ＳＴＡＮＢＹ！　Ｑ７７！　３、２、１、ＧＯ！」

とキューを出すと同時に一斉に舞台に変化が起きるのは、車を自在に運転しているような気分で、大いに気持ちが良かった。

ステージ袖で緊張してキュー出しを待っていると、胸もあらわな日本人ストリッパーのお姐さんがスッと擦り寄ってきて、僕の股間をなでたりといったいたずらをされた。お姐さんたちには、いろいろお世話になりましたよ。いま思い返すと、よくも大胆にキュー出しなどやっていたものである。思い出しても冷や汗が出る。

『フィリピン・フェスティバル』は、一九六〇年末に終了が決まり、僕のラスベガスでの日々も終わりに近づいた。

お世話になったストリッパーの優しいお姐さんたちと別れるのは心残りだったが、アメリカのショウビジネスの魅力に親しみ、もっといろいろな経験をしたくなった僕は、ミュージカルのメッカ、ニューヨークに行くことにしたのである。ちょうどそのころ、アメリカ合衆国民主党より立候補した四十歳代の若きジョン・F・ケネディが共和党候補リチャード・ニクソンを僅差で破り、第三十五代アメリカ大統領に選出された。若さゆえに壮大な理想をもった、素晴らしく魅力的な人物であった。ケネディは、アメリカ国内政治のあらゆるタブーにも、果敢に挑戦して、改革を実行していった。

彼の理想主義的行動は、若者たちの圧倒的支持を受け、若者たちを勇気づけた。文化的にも、若者たちの時代が始まった。

それまではヨーロッパ、特にパリが主導していた絵画・造形美術も、アメリカに中心軸が移り始め、ポップアートが生まれた。アンディ・ウォーホル、ロバート・ラウシェンバーグ、ジャスパー・ジョーンズ、ロイ・リキテンシュタインたちが頭角を現し始めた。主にニューヨークに集まった若い芸術家たちは、演劇、映画、舞踊、音楽、建築、写真、そのほかあらゆる分野で前衛的な表現を試みた。

六〇年代のニューヨーク

一九六一年一月、僕はギターを抱え、給料とギャンブルで蓄えた二千ドルばかりを握り締めて、夕方のニューヨーク・エアポートに到着した。

ラスベガスやロサンゼルスの平たい建物を見慣れていた僕には、着陸前に見えたマンハッタンの摩天楼群は大都市ニューヨークの迫力を象徴していた。

ラスベガスのショウが終了したあと、父の友人のハリウッド映画プロデューサー、ユージン・フランキーのビヴァリーヒルズの邸宅にしばらく居候させてもらっていた。この人は、その時代の大スター、カーク・ダグラスと組んで大作『バイキング』をプロデュースした人だそうだ。そこに父から「ニューヨークへ行くなら知り合いのニューヨーク在住、日本人舞台美術家、伊藤祐司《ゆうじ》のアパートにしばらく泊めてもらえるよう頼んだので、そこに行きなさい」との手紙が来た。

正直言って、ニューヨークへ行っても、どこに行けばよいか、どこに住んでなにをすればよいのかまったく当てがなく、気分だけワクワクしていただけだったので、この手紙ですっかり安心することができた。

常夏のカリフォルニア・ロサンゼルスから、薄ら寒いニューヨークのケネディ空港を出て派手な黄色のタクシーを拾い、父に教わった伊藤祐司先生のアドレスを書いた紙をタクシードライバーに渡して、先生のアパートに向かった。タクシーがブルックリン・ブリッジを渡り始めるとマンハッタンの摩天楼群がどんどん大きくなってきて、「アメリカってのはすごい国だな。日本はよくこんな国と戦争をやったもんだ。健気と言えばそうとも言えるが、喧嘩は勝てる相手かどうか見極めてやるものだから。要するに相手をろくろく観察せずにヤケクソに始めちゃったんだろうな」とつくづく感じた。

マンハッタンに入っていくと、道路はけっこうガタガタで、ごみが散乱していたりして、空から見えた華麗な印象と違ってすさんだ町の様相だった。

伊藤祐司先生のアパートは八十七丁目にあるビルの七階にあった。マンハッタンは五番街を中心に、ダウンタウンに向かって左側がイースト、右側がウエストと呼ばれる。ダウンタウンのワシントン・スクエアから、上のほうは碁盤の目のように建物が配列されているので、至極わかりやすい。五番街をダウンタウンから上がっていくと、有名な〈セントラル・パーク〉に突き当たる。八十七丁目は、セントラル・パークを少し越したあたりだった。ここもまだ当時は平凡な庶民的エリアだった。

その少し上の一〇〇丁目あたりからは〈ハーレム〉と呼ばれる黒人スラム街で、白人には危険な地域として存在していた。まだまだ、人種差別が激しい時代であったのだ。公民権運動のリーダー、キング牧師が人種差別に対する激しい抗議活動を展開し、さらに過激なマルコムXが現れ、〈ブラックパンサー〉と名乗る武器を携帯したグループが大暴れしていた時代である。

伊藤祐司先生のアパートに到着してベルを鳴らすと、「おー、着いたか、上がってらっしゃい」と親しげな声が返ってきた。アパートの部屋は広々としていて、五部屋はあったおぼえがある。しかし、すべての部屋に作りかけの舞台用仮面や、小道具らしきものが散乱しており、足の踏み場もなかった。

先生は、小柄で痩せていて、ふちなし眼鏡にオールバックの白髪が印象的であった。そのころ、先生はいくつかのブロードウェイ・ショウの仕事を掛け持ちで抱えており、大忙しの毎日だったようだ。

「君はこの部屋を使いなさい、当分ここに住んでいていいよ。ただ、今は仕事が立て込んでいて歓待している暇もないから勝手にしていなさい。しばらく通りをほっつき歩いて町に慣れるといいよ。じゃ、僕は仕事に戻るから……」と言って、あっさりと仕事場に戻っていってしまった。

しばらくベッドにひっくり返って休んでいると、ドアをノックして、分厚い眼鏡をかけた十五、六歳の少年が入ってきた。「Ｈｉ！　Ｉ'ｍ ＧＥＮＪＩ！」と名乗った人懐っこそうな少年は、先生の次男であった。伊藤祐司には、二人の息子がいて、長男はテイジ（伊藤貞司）、次男がこのゲンジであるそうだ。お母さんは、伊藤貞子という欧米では有名なダンサーで、このころには先生とは別れていたらしい。

長男のテイジは僕より四歳ほど年上で、前衛音楽家としてすでにオフ・ブロードウェイで活躍していた。彼はハイチのドラムに魅せられて、ハイチ島にしばらく住み着き、ブードゥー教の独特の宗教的ドラミングを現地で習得した天才パーカッショニスト（打楽器奏者）だ。その日の夕食後、このテイジが現われた。おそらく、先生が僕のために呼んでくれたのだ。身長百八十センチほどの長身で、端正な顔立ち、肩まで伸ばした漆黒の長髪をオールバックにまとめたテイジは、颯爽としていてまことにかっこよかった。そういえばタンタンが「ニューヨークに、テイジというとても綺麗でかっこいい人がいるわよ……」

と言っていたことを思い出した。タンタンは『吾妻歌舞伎』ニューヨーク公演のとき、父と伊藤祐司の関係でテイジに会っており、そのときの印象が強かったらしい。テイジは、ダウンタウンの芸術家村とも言われているグリニッジ・ヴィレッジ地区に舞台女優のゲールという女性とともに暮らしていた。

「明日にでも、家に遊びに来いよ」と、さっそく誘ってくれた。

一九六一年のグリニッジ・ヴィレッジは、現在のような芸術商業地区ではなく、若くて野心的な芸術家の集まる場所であった。五番街・マディソン街などのミッドタウンあたりは高級アパートだらけで金持ちしか住むことのできない地区だが、ワシントン・スクエアより少し南に位置するグリニッジ・ヴィレッジはイタリア人地区に接しており、安いアパートがたくさんあった。

イタリア人移民が集まっている場所だけに、安くてうまいレストラン、グローサリー・ストアー（食品雑貨店）、そしてヨーロッパ的雰囲気のカフェなどがあり、摩天楼の圧迫感のあるアップタウンと違って、気楽でほのぼのとした自由なムードの漂う地域だった。その住みやすさに惹かれて、あらゆる分野のアーティストたちが集まる場所になっていた。画家、彫刻家、詩人、小説家、音楽家、俳優、脚本家、写真家、映画関係、評論家、等々、芸術分野のすべての人たちがいたといっても過言ではない。

絵画アートでの想い出は、ＭｏＭＡ（ニューヨーク・モダン・アート美術館）で見たパブロ・ピカソの大作〈ゲルニカ〉だ。二十世紀現代絵画の巨匠・ピカソが、ナチスによる史上初めての都市無差別空爆を受けたスペイン・バスク地方の小都市ゲルニカの悲劇を描いたこの作品は、圧倒的エネルギーとその巨大なスケールで僕を圧倒した。〈ゲルニカ〉を観に何度も何度もＭｏＭＡに通ったことで、ほかの素晴らしい現代美術にも親しむことができた。

父の親友であったロバート・キャパも、このスペイン内戦で報道写真家としてデビューしたのだな、という感慨にふけったこともある。スペインは一九七五年までファシストの独裁者、フランコ政権下にあったから、さまざまな芸術家たちが祖国から亡命してアメリカに住み着いていた。そのなかに、当時スペイン最高のフラメンコ・ギタリスト、サビカスもいて、ニューヨークに在住していた。その後の僕の人生に大きな影響を与えたフラメンコ・ギター音楽は、彼のニューヨーク在住がきっかけになったのだ。

音楽は、モダン・ジャズ最盛期であり、マイルス・デイヴィス、ソニー・ロリンズ、セロニアス・モンク、ＭＪＱ、オーネット・コールマンなど枚挙にいとまがないほど大勢のミュージシャンが舞台に上がり、ジャズライブのクラブに行けば、いつでも気軽に彼らのプレイを目の当たりにすることができた。

特に、ハーレムにあるアポロシアターに行くと、これらビッグ・ネームのミュージシャンが六バンドほど出演するのだから、まるで毎日が大型ジャズ・フェスティバルのようだった。現在レジェンドと呼ばれているようなミュージシャンの絶頂期の演奏を体感できたのは本当にありがたいことである。

日本人、つまり黄色人種である僕は、汚い格好で歩いていれば黒人たちに因縁をつけられることもなくハーレムに入ることができた。

今でこそ日本人は金持ち人種と見なされているけれども、その時代の彼らにとっては同じカラード（有色）人種だったのだろう。

フラメンコの衝撃

グリニッジ・ヴィレッジにもいくつかの大型ライブ・ハウスがあり、そのなかの代表格〈ヴィレッジ・ゲイト〉に、ある日、テイジとともに出かけた。

白人たちはハーレムのどまんなかに立地するアポロシアターには危険で行くことができないので、もっぱらこのヴィレッジ・ゲイトでジャズ・ライブを楽しんでいたのだ。

最初に出てきたのは、ハービー・マンというジャズ・フルートの名手。次は、ランバート・ヘンドリックス&ロスという三人組のジャズ・コーラス・グループ。神業的スキャット・コーラスを披露した。

そして、いよいよジャズ・サキソフォンの大物ソニー・ロリンズ・バンドが登場し、最前衛の音楽で聴衆を熱狂させた。

これで終わりかと思ったら、ガット・ギターを持った小太りのおじさんが大トリとして登場した。それまではみなバンドだったので、ガット・ギターひとつでなにをやるのかなと不思議に感じた。

　マイクの前に座り込んだおじさんがギターを弾き始めた瞬間、これまでに聴いたことのない強烈な音楽が溢れ出てきたのだ。僕だけでなく、満場の聴衆もその音楽に唖然として聴き入った。一曲目の演奏が終わると、会場が一瞬静まりかえった。そして次の瞬間、全員が立ち上がり凄まじい拍手が起こった。

　たった一本のガット・ギターから、どうしてあのような迫力とリズム、華麗な音色が出てくるのか、とても信じられないものであった。

　おじさんは、涼しい顔で驚異的なテクニックを披露し、怒濤の如く華麗な音楽を演奏した。このおじさんこそが前述したサビカスだ。その夜のライブは、サビカスが全聴衆の熱狂と賞賛をひっさらって終了した。僕は、ライブが終わったあともしばらくのあいだ呆然としていた。

　テイジに声をかけられてわれに返った僕は、彼に「今の音楽はなんだ！」とたずねた。世界中の民族音楽に詳しいテイジは、「今のは、スペイン・ジプシーの音楽で、フラメンコというものだ」と教えてくれた。

　アパートに帰った僕は、さっそく、日本から持ってきていたガット・ギターを取り出し、さきほど聞いた音楽のまねごとをやってみようとしたが、どこから手をつけたらよいものかまったくわからない。どこかに教えてくれるギタリストがいないかと調べたが見つからない。現代のようにインターネットを用いて検索することもできない。さすがのテイジにも、フラメンコ・ギターを演奏する知り合いはいなかった。

ところがそれから数週間したある日の午後、テイジの家に遊びに行く途中、グリニッジ・ヴィレッジのブリーカー・ストリートという有名な道を歩いていたら、あれ以来耳にこびりついているフラメンコ・ギターの音が、通り沿いの小さなカフェのなかから聴こえてきた。

「アッ、見つけたかも！」とばかり、逆上気味になった僕は、まっしぐらにカフェへ入っていった。

まだオープンしておらず、暗い店内にスタッフはいなかった。と、暗いカフェのすみで、一人の青年がフラメンコ・ギターを弾いているのを見つけた。何度も同じフレーズを弾いているので、練習していたのだろう。僕は空いている椅子のひとつに座り込み、彼の演奏に聴き入った。さすがにサビカスのように流麗な演奏ではなかったが、たしかにフラメンコを奏でていた。しばらく聴いてから決心して彼に近づき「フラメンコ・ギターを習いたいのだが、教えてくれないか？」と頼んでみた。青年はしっかりした英語で「自分は教えるほどうまくないが、自分の先生がいるから紹介しよう」と、ギタリストの連絡先をメモしてくれた。そのホアン・デ・ラ・マタという名のギタリストにさっそく会いにいき、教えてもらえることになったのである。

フラメンコ音楽には楽譜というものがない。教則本も存在しない。

ホアン先生に習い始めてびっくりしたのは、先生がいきなり曲を弾いて「それ、やってみろ！」という、その指導方法だった。そんなの、できっこない。

「先生、すみませんが、もう少しゆっくり、少しずつ弾いてください」

曲名も言わず、いきなり弾き、すぐその真似をしなさいという教え方はけっこう乱暴だな、と思いながら考えたのは、まずテクニックを分析して、そのひとつひとつを反復練習で指に覚えさせてから曲に入らないと無理である、という当たり前のことだった。先生の弾く曲に使われるテクニックについてひとつずつ聞いていくと、ロスケアード、アルペジオ、ピカード、トレモロ、アルサプアなどと呼ばれるテクニックを複合的に使っていることが判明した。僕が先生に指導法を教えながらレッスンしてもらうという奇妙な光景だ。

僕は、来る日も来る日も、毎日十時間はこれらのテクニックを身につけるために練習を続けた。

グリニッジ・ヴィレッジでの暮らし

ニューヨークでの一九六一〜六四年は僕にとってまさに黄金の青春時代だった。後年、音楽を中心とした仕事で活かされる経験、価値観、世界観の多くはこの時代に培われたものだ。

伊藤祐司先生のお宅での生活が半年ほど過ぎたころ、先生のアパートがあるアップタウンの八十七丁目よりも、グリニッジ・ヴィレッジに住みたくなった僕はテイジに相談した。テイジはすぐに以前暮らしたことのあるアパートの一室が空いていることを調べ、大家のイタリア人と交渉し、そこに住むことができるよう手配してくれた。トンプソン・ストリートというそれこそグリニッジ・ヴィレッジのどまんなかにあるその古いビルは、一階は大家が経営しているイタリアレストランで、すぐ隣には野菜、果物などの食品を売っているグローサリー・ストアーがあり、僕が借りた部屋は五階建てビルの三階の部屋だった。もちろんエレベーターはない。しかし、貧乏な僕にとっては月に六十ドルほどの安い部屋代は大いにありがたく、そこに住むことを即決した。先生に相談したところ、「それは、いいことだ！　ひとりで暮らしてみなければこの街を理解することはできない。近くにテイジも住んでいるしなにかと便利だよ、最近は演劇でも映画でも舞踊でも音楽でも、絵画だってなんだって、ヴィレッジに住んでいる若い人たちが斬新なことを試みて注目を集めているから面白い体験ができるだろう。君の父にも知らせて了解を得ておくから、さっそく引っ越しなさい！」と賛成してくれた。

そのころのニューヨークに、日本人アーティストはほとんどいなかった。伊藤祐司のところに仕事を手伝いに来ていた河合イサムという現代アートの画家、その仲間の花柳寿々紫という女性現代舞踊家、そしてオノ・ヨーコ。まだまだ日本人のあいだではパリこそが芸術の中心地だと思われていたのだろうか。ニューヨークに住み着いている日本人は少なかった。

トランクひとつとギターしか荷物のない僕は、すぐにその古アパートに移り住んだ。さすがにベッドは買わなければ、と考えていたら、河合イサムが「ショーちゃん！　そんなもの買う必要はないよ、拾ってくればいいんだよ」「拾ってくるって、どこからどうやって」「毎週木曜の朝四〜五時ごろ、アップタウンの通りを徘徊して、粗大ごみのなかから上等なベッドマットを選ぶんだ」

さっそくふたりで木曜の早朝に徘徊してみると、彼の言うとおり、さまざまなベッドマットが捨てられていたので、そのなかのひとつをありがたく頂戴した。アップタウンからダウンタウンのヴィレッジまでふたりでエッチラオッチラそれを担いでの旅には閉口したけれど、タダでこんなものが手に入るアメリカとは、なんとも素晴らしいものだと喜んだ。この徘徊を四〜五回やるころには、ほとんどの家具が揃っていた。

こうして、僕のヴィレッジ生活はめでたくスタートしたのである。

僕の住んでいたトンプソン・ストリートのアパートはウエスト・サードとブリーカーという通りに挟まれていた場所で、すぐ近所にはジャズ・ライブ・スポットとして有名なヴィレッジ・ゲイト、ライブ・カフェで有名なガスライト、カフェ・ビザールなどが存在し、そのほか中小のカフェがたくさんあった。アップタウンにあるいわゆるアメリカ的コーヒーハウスではなく、ヨーロッパ的な仕様のカフェである。これらのカフェがヴィレッジのアート・ムーブメントの拠点になっていた。父が青春時代を過ごした一九三〇年代のパリ・モンパルナスに先進的アーティストたちが勢ぞろいしていた、あのカフェ・ソサエティ時代を彷彿とさせる情景である。

アーティストたちはアメリカのあらゆる場所からヴィレッジに集まっていた、いや、アメリカだけではなく、世界中から野心的な青年が集まってきていたのだ。

彼らのなかにはビートニクスと呼ばれる種族が数多くおり、一様に黒っぽい服装、陰鬱な表情で実存主義哲学に傾倒し、カフェに集まっては議論を戦わせていた。ブリーカー・ストリートには、パリのサンジェルマン街にある実存主義者の溜まり場だったカフェ・フロールと同じ名前のヨーロッパ式オープンカフェが二十四時間営業していて、とても流行っていた。

アメリカはベトナム戦争を始めたばかりで、都会の若者たちはまだ呑気にしていたのだろう。彼らビートニクスたちは、一九六〇年代末期にはヒッピーへと変貌する。

僕は日本でジャン＝ポール・サルトルの著書『存在と無』を読もうと思い立ち、読み始めて数ページで「サッパリわからん！　やーめた！」と放り出したので、彼らの議論にはまったく興味をもつことができず、ひたすらギターの練習に明け暮れる毎日であった。


ところで、僕の住んでいたトンプソン・ストリートのアパートは、フランシス・F・コッポラ監督の名作『ゴッドファーザー』で主役のマーロン・ブランドが演じていたドン・コルレオーネが果物屋で買い物をしているときに対立するマフィアの殺し屋に襲撃され、ピストルで乱射される衝撃的シーンのロケーションで登場したことがある。あらためてそのシーンを見直したら、本当に懐かしいその場所だったので、胸が熱くなった。

ヴィレッジはマフィアの縄張り争いの場所でもあり、たまにその抗争による殺人事件が発生していた。いま思えば、かなり物騒な場所でもあったのだ。

このアパートには、僕が出たあとに友人の日本人（美術評論家・木島俊介、現代彫刻家・脇田愛二郎）が次々と入居したのだが、家賃はまったくの据え置きだったらしい。本来は新しい入居者が来るたびに少しずつ家賃が上がっていくものなのだが、どうやら大家のイタリア人には日本人はみな同じ顔に見えていたらしく、同じ人物が住み続けていると思い込んでいたようだ。

毎日十時間ほどフラメンコ・ギターを練習した。なにせ複雑で技術的な難度が異常に高く、テクニックを身につけなければ曲を演奏することができないのだから、ものすごい集中練習を自分に課した。甲斐あって、一年経つころには師匠のホアン・デ・ラ・マタから「君はもうプロとして人前で演奏できるよ」と、免許皆伝のようなお言葉をいただいたのだ。

ホセ・フェリシアーノにギターを教える

そのころには、僕の生活資金も底をついてきていた。父は基本的に「どこにいても、自分の生活費は自分で稼ぎなさい」というスタンスだったので「食えないから、お金を送ってください」とは頼み辛かった。そこで、一計を案じたのだ。前述のブリーカー・ストリートに面したカフェを三軒持っている、ジャックというルーマニア移民で、百九十センチは優にある大男のボスがいた。彼のカフェはけっこう流行っていたので、そこでギターを演奏させてもらえれば、そこそこのチップが稼げるのではないかと思ったのだ。ジャックは妙に日本びいきだということを聞きつけたので、ある日彼のカフェに出かけて相談してみた。「僕は、日本から来たのだけど、貴殿は日本が好きだということを聞いた。なぜなのか？」

普段は鬼のような面構えのジャックが、僕が日本人だとわかったとたん柔らかな顔になり「そうか、お前は日本人か！　じゃあ、オーヤマ先生を知っているか？」「オーヤマ先生？」「そうだ。カラテ・マスターのオーヤマ先生だ」

やっとピンと来た。極真流空手の創始者・大山倍達師のことだったのだ。

「俺は、オーヤマ先生の弟子で、空手をやっていて黒帯だ。オーヤマ先生は実にファンタスティックだ。尊敬している。俺は日本人が好きなんだ」

これがきっかけでジャックと親しくなったのだが、ある日、彼が突然、「お前も日本人なら空手はやっているだろう？」と訊いてきた。「いや、僕は空手はやっていないが剣道はやっている」「剣道？　あのカタナで戦うやつか？」「そうだ。剣道では僕も黒帯のようなもんだ」「そいつは面白い、俺と一丁立ち合わないか？　オーヤマ先生は空手は剣道より強いとおっしゃられていたぞ！」「いや、そんなことはないよ、剣道は刀という道具を使っていて身体に触れれば切れちゃう。だから空手は敵わないと思うよ……」「いや、オーヤマ先生はそうは言ってない！」

ジャックは肩を怒らせて力説する。

実は僕はニューヨークに来たとき、テイジに剣道のことを聞かれ、百聞は一見にしかずと思い、日本から高校時代に使っていた剣道具一式と竹刀三本、木刀一本を送ってもらっていた。そしてニューヨークに剣道場があるか調べたところ、仏教協会というところで剣道の稽古が行われていることを聞き、見物に行ったのだ。ニューヨークの人というのは実に好奇心があるというか、異国文化研究心があるというか、なんと十二〜三人のアメリカ人がちゃんと剣道着をつけて稽古をしていたのには驚いた。師範は日本人で、挨拶にいくと、ある商社の人で、剣道は四段だという。

「君は有段者？」

「ハイ！　高校で二段を取りました」

「それは、ちょうどいいや、僕は仕事もけっこう忙しいので、誰か彼らに稽古をつけられる人がいないか探していたところなんだ。時間があったら君がやってみる気はないか？」

「ハア、私でよろしかったら喜んでやらせていただきます」

「では、とりあえずこのなかで一番できるやつと立ち合ってみてくれ」

防具をつけ、そのアメリカ人と相対した。

背が高くやたら竹刀を揺らしながらせわしなく動くやつなので、僕は青眼で剣先を相手の喉元につける基本的な構えで静かに観察してみると、仕掛けない僕の様子に焦れたのか、彼はいきなり竹刀を振りかぶって僕の面を打ちにきた。その瞬間、かつて鹿児島で覚えた運び足で手元に付け込み、飛び込もうとした彼の面の喉当てに突きを入れた。前に来ようとする勢いを喉で止められ、彼は派手にひっくり返ってしまった。

こういうときはアメリカ人は単純である。その場で皆さんは僕を師範として認めてくれた。商社の師範はニヤニヤしながら、「君、突きは禁手だよ！　でもマアいいか、高校で副将やっていたなら稽古はつけられるだろう……やってくれ」ということで、週一、二回道場に通っていたのである。つまり剣道感覚は鈍っていなかったのだ。

さて、ジャックと空手・剣道論戦の決着をつけようということになり、なんと早朝五時にブリーカー・ストリートで立合いをすることになった。テイジが面白がってついてきた。ジャックは空手着を着て黒帯を締め、いかにもといった格好で現れた。僕はといえば、ジーンズにスニーカー、そして竹刀をぶら下げての登場だ。彼のほうが、よほど正統的日本人らしい格好である。

ブリーカー・ストリートのまんなかでお互い大真面目に五メートルの距離をとり、テイジの合図で日本式一礼をして立ち合いが始まった。ヴィレッジ住人の見物人も数人いた。この珍妙な儀式はなんだろうと不思議に思われていたはずだ。

ジャックはいろいろな空手の構えをとりながら、叫び声をあげて僕の周りをぐるぐる動き回る。僕は例の示現流〈とんぼ〉に竹刀を構えて彼の仕掛けを待った。やはり竹刀を持った相手なので、ジャックも用心してなかなか飛び込めない様子であったが、これでは埒が明かないと焦れたのか、ついにやみくもに突っ込んできた。スス－ッと引き足ですばやく下がった僕は、彼の面が空いた瞬間、思い切り打ち込んだら、これが正確に決まった。

気の毒だったが、おそらく目から火花が散ったのだろう、ジャックはその場でストップ・モーションになり額を押さえて、「参った！」と負けを認めた。

「お前はたいしたもんだ！　空手のほうが強いはずなのに、剣道が勝つこともあるんだな！」

まだ持論を撤回しないのは、いかにもニューヨークのストリート・ガイらしくて可笑しかった。

それ以来、大の仲良しになり、僕はジャックのカフェのひとつでフラメンコ・ギター演奏のライブをやらせてもらうことになった。四十分ほどのステージを一日に三回やるのである。見物客の多い週末などは、演奏後に灰皿を回すと三十～四十ドルくらいの実入りがあったものだ。忘れもしないのは、同じカフェに出演していた仲間のミュージシャンに盲目のパーカッショニストがいて、ひとりでコンガを叩きながら独特の小節を利かせた歌を唄っていたことだ。耳がおそろしく敏感で、僕がギターを持って店に入っていくと足音だけで判断し「ハーイ！　ショー」と声をかけてきたものである。こいつは僕のフラメンコ・

ギターに興味をもったらしくどこからかギターを調達してきて、暇があると「弾き方を教えろ」というのでしばらく手ほどきをしたら、見る見るうちに弾きこなすようになり、右手の奏法にフラメンコ的ストロークを駆使したギター弾き語りで個性的な歌を唄うようになった。

この人物が、のちにドアーズの「ライト・マイ・ファイア」のカバーで大スターとなったホセ・フェリシアーノである。

ジャックのカフェで演奏するようになって、ますます僕のフラメンコ・ギター練習は濃度を増した。人前で演奏することのできるレパートリーを増やさなければならなかったのだ。

このころのグリニッジ・ヴィレッジは、いま思えばまるで夢のような音楽体験を僕に与えてくれた。アパートからすぐのウエスト・サード・ストリートにスペイン料理のレストランがあり、なんとその店はサビカスの行きつけだったのである。彼の弟がそのレストランの専属ギタリストだったので、家族意識、仲間意識の強いジプシーであるサビカスは、ほとんど毎晩その店を訪れた。サビカスは、その人間性と圧倒的なギターのスキルでニューヨーク在住のジプシー・アーティストたちのドンのような存在であり、レストランはフラメンコ・アーティストたちの溜まり場になっていた。僕は、ジャックのカフェで知り合ったアメリカ人ギタリストのジミーとその店に通い、さまざまなフラメンコ・アーティストたちのジャムセッションを聴き、いつのまにかサビカス本人とも親しくなり、隙を見つけては超絶テクニックの一端を本人から直接伝授してもらったのである。

このほかにも、貴重な音楽体験の想い出はたくさんある。たとえば、ある日テイジが「最近ガスライト・カフェで歌っている若いシンガーが素晴らしい！　一緒に観に行こう！」と言うので聴きに出かけると、すでに人気者だったらしくカフェは満員。ハーモニカを首からさげ、ギターを抱えて登場したその青年は、ボブ・ディランという名であった。

彼は後年その詩の素晴らしさでノーベル文学賞を獲得した。また、奇妙なバンドがカフェ・ビザールでデビューするというので見物に行くと、八人編成くらいの大勢のメンバーがまるで仮装行列の如き格好で登場し、ロックバンドらしき楽器を持っているのは三人ぐらいで、ほかのやつらは錫杖のようなものでたまに床を打ったり、なにも持たずにたまに喚いたりするだけなのだ。奇天烈で珍妙なパフォーマンスに飽きてしまい途中で退散したのだが、それが、フランク・ザッパのマザーズ・オブ・インヴェンションの初舞台だったのだ。

六〇年代後半は商業的ポップ・ミュージックにアートの香りを融合させた音楽が次々と誕生した時代、いや、逆にいえば、好きな音楽を勝手にやっていた連中の作品を商業システムが取り込んでいった時代だといえるのではないか。

絵画を中心とする芸術運動〈ポップ・アート〉はそれを象徴していた。舞台芸術においても、商業主義のブロードウェイとは一線を画した〈オフ・ブロードウェイ運動〉と称する非商業主義的な新ジャンルが生まれ、ヴィレッジ近辺の小劇場で実験的な芝居が盛んに行われていた。

前衛劇『六人を乗せた馬車』のヒット

そして、ついに僕もその芸術運動の大きなうねりに巻き込まれることになる。

とある前衛劇のプロジェクトに音楽監督兼作曲家、そして演奏家として参加することになったテイジが、楽団のメンバーとして僕を誘ってくれたのだ。カフェでの演奏に飽きはじめていた僕は、喜んでその仕事を引き受けた。

アイルランドの文豪、ジェイムズ・ジョイスの『フィネガンズ・ウェイク』という難解な小説を舞台化するというプロジェクトであり、ショウのタイトルは『六人を乗せた馬車』である。主演兼演出家の現代舞踊家のジーン・アードマンは、ニューヨーク屈指のモダンバレエ団〈マーサ・グラハム・ダンスカンパニー〉の客演舞踊家として著名であった。

テイジは世界中の民族楽器を百種以上コレクションしており、そのすべてを演奏することができた。日本の伝統音楽である雅楽で用いられている〈笙《しょう》〉までをも吹きこなすのだ。テイジは民族楽器を三十種ほど駆使して舞踊劇の音楽を創った。

これを演奏するのは、テイジと僕、それにプエルトリコ出身の黒人音楽家ホセ・リッチの三名だ。つまり、ひとりが十種類の楽器を担当することになる。テイジは主に管楽器、ホセはバイオリンと打楽器、僕はギターや琴などの弦楽器に加え〈アフリカン・サム・ピアノ〉という原始的な楽器と打楽器数種類を受けもった。珍しい民族楽器をずらりと並べ、ステージを見上げながら演奏する。舞台に上がるのは主演のジーン・アードマンをはじめとした男女計五名。出演者合計八名の小劇団は、小さなダンス・スタジオを借り、一日六時間、週に五日、二か月の間リハーサルに没頭した。

前衛劇『六人を乗せた馬車』は、オフ・ブロードウェイの小劇場で初日を迎えることになった。初日に観劇するのは、主に演劇関係者や批評家、あるいは招待客である。タキシードやイヴニングドレスに身を包み、ロビーは華やかなパーティー会場となる。翌日の新聞に掲載される批評が、ショウの今後に非常に大きく影響するため、初日の公演は重要だ。大金が投じられたブロードウェイ・ミュージカルであっても、批評欄で悪評を得てしまうと、場合によっては三日で公演中止に追い込まれる。

〈ニューヨーク・タイムズ〉〈ヘラルド・トリビューン〉などの大新聞ほか、オフ・ブロードウェイ・ショウ専門の演劇文化専門誌などが記事を書く。僕たち楽団の三名も、初日はタキシード姿で演奏した。練習を重ねたテイジの音楽を無我夢中で演奏しているうち、あっという間に終演した。

ロビーでは演劇関係者や批評家たちが明るい雰囲気で会話しており、きっとうまくいったのだろうと、少しほっとした。あくる日、テイジから「ショウの批評が良かったので、とりあえず三か月のオフ・ブロードウェイ上演が決まったよ!」との連絡が来た。三か月の間は、グリニッジ・ヴィレッジにある客席数五百程度の小劇場で公演することになった。この劇場はアパートからとても近く、毎日歩いて劇場へ通った。毎晩一回、一週間に六日の公演だった。ギャラを受け取るたび、ニューヨークのショウ・ビジネスに参加しているという実感が湧いてきた。カフェでの演奏は一週間に一度になってしまったが、ジャックは僕がオフ・ブロードウェイ・ショウに参加していることを大いに喜び、仲間に「俺の店に出ているこいつは、一流の劇場で演奏しているミュージシャンなんだぞ!」と自慢していた。まったくいいやつである。

ある夜、彫刻家・イサム・ノグチと作曲家・黛敏郎が連れ立って、ジャックのカフェで演奏している僕を見物しに来てくれたことがある。

一流芸術家の出現にびっくりしたが、おそらく父が、ニューヨークに仕事に行くことになった黛敏郎に「象郎の様子を見にいってくれないか?」と頼んだのだろう。

テイジの音楽には譜面がないため、ホセと僕はメモをするか記憶するかして舞台の流れと演奏するべき音楽を体得した。ほかのミュージシャンではまったく演奏不可能なアンサンブルであるから、誰かが病気などしたら大変だ。しかし三人ともそんなことにまったく思い至らず心配もせずリハーサルも舞台も努め、幸い、そうした事態に見舞われることはなかった。

『六人を乗せた馬車』は毎夜満員の盛況だった。そして三か月の公演がそろそろ終わろうというころ、オフ・ブロードウェイ賞、通称〈オビー賞〉という権威ある演劇賞で、われらが『六人を乗せた馬車』はベスト・プロダクション賞を勝ち取ってしまったのだ。

ベスト・プロダクション賞は出演者全員のパフォーマンスに与えられるものである。特にこの一九六〇年代のニューヨークではブロードウェイの商業主義的演劇に対峙するオフ・ブロードウェイの運動意識が強く、オビー賞は栄誉ある存在だった。おそらく僕は、オビー賞を受賞した最初の日本人だろう。

この受賞が効いたらしく、アメリカ縦横断のキャンパス劇場公演が決まってしまった。アメリカの主要都市の大学内にある劇場での公演である。この公演ツアーは、大型バスにキャストとツアー・マネージャー、そして楽器類を乗せ、会場から会場へと移動して行われた。アメリカは広く、長距離移動が当然だった。

公演後にモーテルのようなところに泊まり、明朝早くに出発するという毎日なので、フラフラの朦朧状態のままバスでは居眠りをしていた。常夏のフロリダ州マイアミ、残雪期のコロラド、ナイアガラの滝。延々と続く砂漠のなかの一本道をひたすら走って行ったアリゾナ公演。テキサス州ヒューストンでは、石油商の富豪に招待され、部屋に飾られていたゴッホやルノワール、ロートレックと並んでレオナルド・ダ・ヴィンチの作品が飾られていたことに驚いた。

南部ジョージア州のミレッジヴィルという町で、ホセと一緒にハンバーガー店に入ったときのことも思い出す。客は典型的な南部の白人ばかりで、ホセと僕を冷ややかな目で睨んでくる、殺気すら感じるような目つきだ。こうなると逆らいたくなる性分の僕は、尻込みをしているホセを促してテーブルに座り、知らぬ顔でメニューを手に取った。すると、奥から出てきた図体の大きい店主が、凄みを利かせて「お前らの来るところじゃない。今すぐに帰れ！」と怒鳴り始めた。いよいよ腹が立った僕は「なにをこのヤロー、どういうわけだ！」と怒鳴り返す。すると、普段は威勢のいいホセが真っ青になって僕の肩をつかみ、無理やり僕を店から連れ出した。

「なんだあいつらの理不尽で無礼な態度は！」

「ショーはバカだな！　ここがどこだかわかってんのか？　ディープ・サウスだぞ！　殺されてもいいのか？」

公民権運動の真っ盛りで、それを支持するジョン・F・ケネディの政策に過敏になっていた南部保守主義の白人層がKKKなどの物騒な結社を作り、容赦なく黒人を迫害していた時代である。ニューヨークでは経験したことのない極端な人種差別を通じて、アメリカ社会の暗黒部分を身をもって体験してしまったのだ。

仕方なく腹を空かせたままモーテルに帰ると、なぜだかホセには少しもへこんだ様子がない。しかも、ニヤニヤしながらどこかへ電話をし始めたではないか。

なんとホセは、モーテルに到着したときに可愛い黒人メイドをナンパして電話番号を聞きだしていたのだ。

「ショー、今から可愛い女の子がふたり来てくれるぜ！」

彼はその娘に、友達を誘ってふたりで来るよう頼んでいたのだ。しばらくして、明るく優しい黒人の女の子がうまそうなサンドイッチなどを持参してやってきた。彼女らにとってみればニューヨークからやってきたミュージシャンに憧れと興味があったのだろう。ホセは得意になって「ディープ・サウスでは本物のチョコレート・ギャルを味わわなきゃな！」とご機嫌になっていた。

ヨーロッパ公演の旅

この数か月のアメリカツアー中に、今度はヨーロッパ公演の話が決まってしまった。

イタリア・スポレート、パリ、ダブリンの三箇所で開催される舞台芸術祭での公演である。ニューヨークの革新的な舞台芸術にヨーロッパの注目が集まり始めたころだ。『六人を乗せた馬車』の出演者は八名で、道具も少ない。コンパクトな劇団だったので招聘しやすかったのかもしれない。

数か月の準備期間を経て、まずはイタリア・スポレート舞台芸術祭での公演だ。イタリアののどかな町、スポレートは、人口四千人弱の小さな町である。首都のローマからはほど近い。

「ローマ周辺の平野からここにくると、突然渓谷地帯になり、丘の上につくられた町は幻想的で美しい」

この地を訪れたフランス人哲学者・モンテスキューは記している。
この地で開催されている舞台芸術祭は、イタリア人オペラ作曲家ジャン・カルロ・メノッティの発案で始まった。一九五八年から始まったこの芸術祭は、イタリアの主要な芸術祭として認められ、二十一世紀の現代も続いている。

スポレート舞台芸術祭は、オペラや演劇、ダンスなどの上演、視覚アートまでをも含めたフェスティバルである。毎年夏、特にアメリカの舞台芸術をヨーロッパに紹介する目的で開催されているらしい。このフェスティバルの期間中は町中すべてがお祭り気分に満たされてしまう。招聘された僕たちは、ホテルではなく有志の個人宅へ、いわばホームステイのようなかたちで宿泊した。

イタリアの人々は底抜けに明るく、そして親切だ。町の中心部の広場には堂々とした佇まいの古い教会が建っており、夕方になるとどこから湧いてきたのかと思うほどたくさんの伊達男たちが集まってくる。女性は少なかった。町から少し離れると、ハイキングにはもってこいの緑豊かな小山がある。高いビルの間をせかせか動き回っているニューヨークに比べると、まるでパラダイスである。

そして、食事がおそろしくうまい。キャンティの料理に親しんでいた僕は、ニューヨークのイタリア料理がひどくまずいことに呆れたものだったが、ここで、本物のイタリア料理を食べられる幸せを堪能した。

『六人を乗せた馬車』の上演は、上々の評判であった。ジェイムズ・ジョイスの小説のなかでも特に難解なわけのわからないセリフをイタリア人が理解したとは到底考えられないので、おそらくジーン・アードマンの踊りとテイジの音楽がウケたのだと思う。白状すると、僕にしたってこの劇のセリフはおろかストーリーすらチンプンカンプンのまま音楽に専念していたのだ。

ジェローム・ロビンスとの出会い

このスポレートでの最大の体験は、このフェスティバルにニューヨーク・シティ・バレエの超大物演出家で振り付け師でもあるジェローム・ロビンスに出会えたことだ。

この人は、ブロードウェイ・ミュージカルの最高傑作のひとつ『ウエスト・サイド物語』の舞台演出家で、映画化されたときは監督もやってのけた。この時代ではアメリカ演劇およびバレエ界、最大の芸術家といっても過言ではない。そのジェローム・ロビンスがテイジの音楽をいたく気に入って、連れてきた八人のダンサーを使っての新作のモダンバレエの音楽家として起用したいと依頼してきた。テイジは喜んでその仕事を引き受け、ホセと僕との三人で、ジェローム・ロビンスの新作バレエを一緒に創りあげることができたのだ。

小柄で俊敏な動き、誰もが疑わぬカリスマ的なオーラ、選び抜かれたダンサーたちを冷静に指導してモダンバレエを創っていくその姿勢は、天才的かつ圧倒的な存在感をまとっていた。彼の新作は、優雅でありながらも前衛芸術の先鋭的な力強さで観客を熱狂させた。そこで演奏させてもらった光栄は、忘れられない想い出のひとつである。

彼との出会いから約五年後、東京日比谷の〈日生劇場〉のこけら落としとして父が『ウエスト・サイド物語』をブロードウェイから招聘した際、演出家として来日したジェローム・ロビンスに再会することができた。僕は父から「お前はスポレートで彼に会っているのだから、在日中は世話をしなさい」と言われ、スポレートでのことをおぼえていてくれた彼は、喜んで僕を連れまわし、東京滞在中はほとんど毎日、能を観に行ったものである。彼は日本の能にやたら感じるものがあったらしく熱心に舞台を観ていたが、僕は退屈してしまい、ついウトウトと居眠りをしてしまって、ジェローム・ロビンスに「お前は日本人なのにこんな素晴らしい舞台を観ないで、どうするんだ？」とからかわれた。

実はそれ以来、いまだにちゃんと能を観に行ったことがない。

スポレート・フェスティバルでの夢のような一か月が過ぎ、『六人を乗せた馬車』一行は、次のダブリン公演までの期間、いったんニューヨークへ戻ることになった。ヨーロッパがすっかり気に入った僕はこのままヨーロッパに滞在したくなった。というよりも、フラメンコの本場、スペインに行きたかったのだ。

テイジとジーン・アードマンに相談し、ダブリン公演への参加を約束して皆を見送った。一行が帰国したあくる日に僕はギターを抱えてマドリッド行きの飛行機に乗った。フラメンコの本場スペインへのひとり旅にワクワクしていた。一九六三年の晩夏であった。

フランコ政権のスペインへ

到着したマドリッド空港は、華やかなパリ空港に比べてどこか索漠とした印象だった。警備の警察官がやたらと多く、しかもみな、軽機関銃をぶら下げている。当時のスペインはフランコという時代錯誤の化け物のような独裁者が支配していたのだ。フランコはヨーロッパ最後のファシストで、第二次大戦が終わったあともその独裁を続けていた。ニューヨークで会ったフラメンコ・ギタリストのサビカスは、このフランコ独裁のスペインが嫌でニューヨークに住んでいたのである。

あのロバート・キャパを一躍有名にした写真〈崩れ落ちる兵士〉は、フランコ反乱軍とスペイン人民戦線政府軍が戦ったスペイン市民戦争の戦場で撮影された。そして、人民軍がフランコ軍に負けて以来、ずっとフランコ政権が続いているのだ。怖そうな警備官に

「お前はなにをしにここに来たんだ」と思い切りスペイン訛りの英語で訊かれた。僕はわざとスペイン訛りの英語で「言わずとしれた貴国の音楽芸術、フラメンコ・ギターの習得に来たのだ」とギターを掲げて答えた。警備官は狐につままれたような顔をして「日本人がフラメンコをやるのか？　しかしあれはスペインの音楽ではない、ジプシーの音楽だ」と言う。どうも当時のスペイン人は、ジプシーをスペイン人と区別していたようだ。

紀元前十二世紀から始まるスペインの歴史は、ローマ人の支配の時代を超えて、八世紀にはアラビアから発生したイスラム帝国に支配されていた。当時のアラビア人は、すでに火薬などを発明し、高い文明をもっていた。十一世紀半ばのスペインは、そのイスラム勢力とキリスト教勢力が対立していた。そのとき、キリスト教側に表れた英雄〈エルシド〉の活躍でイスラム勢力を追い払い、スペイン王国が誕生する。スペイン文化には、したがってイスラム文化の影響が色濃く残っている。

フラメンコ音楽を産んだジプシーは、もとはインドの奥地から発生し、イスラム圏のアラビアを通ってスペインにやってきたそうだ。したがって、フラメンコ音楽にはその旋律が鮮やかに聴き取れる。その後、マドリッドはスペインの首都に定められた。

なにはともあれ入国することができ、空港からタクシーに乗り運転手にたずねた。「町のまんなかで安いホテル知らないか?」「シー・セニョール! 合点だ、まかせてくれ!」とやたら明るく元気な返事が返ってきて、車を飛ばして市内に向かった。空港の役人や、仏頂面の警備官たちとは打って変わってお気楽なスペイン人庶民のノリにホッとしたおぼえがある。

連れていかれたホテルはマドリッド中心にある賑やかな繁華街の、緩い坂道の広い通り沿いにあった。小さいけれど小奇麗で、予算内で泊まれるためスペイン滞在中はずっとこのホテルで過ごした。

チェックインを済ませて部屋に荷物を置き、軽くシャワーを浴びたあとすぐにホテルのフロントに行って、人の良さそうなおばさんにフラメンコが観られる場所をたずねた。「ああ、それならタブラオへ行くといいよ……」とマドリッド市内の代表的タブラオの名前と住所をいくつも親切に教えてくれた。

タブラオとは、飲食をしながらフラメンコのショウが観られる店のことをいう。〈コラル・デ・ラ・モレリア〉〈ザンブラ〉〈トーレ・デ・ベルメハ〉などが一流のタブラオであるという。なかでも〈コラル・デ・ラ・モレリア〉が一番であるという。

マドリッドでのフラメンコの日々

僕はさっそく〈コラル・デ・ラ・モレリア〉に行くことを決め、部屋に戻ってギターを持ってきて夕方の町へ出ていった。たしか夜の八時ごろだったが、まだ暗くなく日本の夏の午後四時くらいの感じであった。

タクシーでその店に着いたがまだ開店前らしく正面入り口が閉まっていた。あとでわかったのだが、客は夜九時半ごろにやってきてそれからのんびり食事をし、フラメンコのショウが始まるのは夜中の十二時ごろからで、二回のショウが終わるのはなんと朝、四時ごろなのだ。当時はマドリッドのような大都会でもスペイン人にはシエスタ（昼寝）の習慣があった。午後一時から役所、銀行、会社、は言うに及ばず商店もすべて閉じてしまい、夕方四時ごろから再開。その間、皆で昼寝をする。日本やアメリカでは考えられない暢気な国民性なのだ。

店の正面は閉まっているので裏口を探し当て、僕はずうずうしくチャッカリと中へ入ってしまった。コックの下働きや、何人か店のスタッフはいたが誰も僕のことを不審尋問するものがいない。ギターケースを持っていたのでフラメンコの関係だとでも思ったのかもしれない。フラメンコ・アーティストたちはまだ誰も来ていない様子なので、かなり広い店裏のスペースの片隅にスタッフの動きの邪魔にならない場所を見つけ、勝手に椅子を拝借して足元にギターケースを置き座り込んだ。

店のスタッフは僕と目が合うと「Ｏｌａ！」（よう！）と明るくニコニコ声をかけてくれる。たまに「ＱｕｅＴａ？」（どうだい調子は？）と言われると「ＭｕｙＢｉｅｎ！」（最高だよ！）と少ししか知らないスペイン語で返す。ようやく外が夕刻の感じになってきた九時すぎに、フラメンコの連中らしき人たちがぽつぽつ店に姿を現し始めた。踊り手の女の子たち（バイラオラという）が先に入ってきたのはショウのメークアップをするためだったのだろう。彼女たちは一様に漆黒の髪と瞳を持ち、腰が上についていてスタイルが良く、明るく元気だ。「可愛い〜！」と僕はすっかりうれしくなってしまった。

そのうち、続々と男のアルティスタたちもやってきた。ギタリスタ、カンタオール（歌い手）たちである。皆、僕には目もくれず賑やかになにか話しながらそれぞれの楽屋にまっすぐ入っていく。

しばらくして、まず男たちがショウのコスチュームに着替えて僕がいる店裏の広いスペースに出てきた。全員、真っ黒な上下のスーツに、真っ白なシャツで、シャツの胸元には同じ白で派手なフリルが付いていてネクタイはしない。靴は、ヒールが高く黒い皮の足首までのブーツを履いている。浅黒い肌で彫りの深い顔立ちに漆黒の長い髪をしている彼らは、皆、背筋をまっすぐに立てていて、精悍だがいかにもラテン系の伊達男に見えてかっこいい。

ギタリスタたちは六人ほどいたが、椅子を持ってきてお互いにチューニング（調律）を合わせてから、ショウの前の、腕、指ほぐしのためだろう、アドリブでいろいろなフラメンコの代表曲を弾き始めた。ブレリアス、ソレア、シギリアス、アレグリアスなどである。

フラメンコの場合、曲といっても譜面に書かれたものを指すのではなく、ひとつの名前が付けられた曲様式と呼んだほうが正しい。様式は、リズム、コンパス（一フレーズの長さが決めてあり、そのなかのアクセントの形が決められている）、コード（主題和音）とその変化、の三要素が様式の骨幹を形成している。たとえば最も重要な代表曲「ソレア」は、リズムは三拍子で、十二拍で一コンパスを形成する。アクセントは、三拍目、六拍目、八拍目、十拍目、十二拍目と決められている。基本和音は三コード（和音）であり、アドリブの遊びもそのなかで行われるので、様式をまず覚えてしまえば演奏するのも聴くのも楽しめる仕掛けになっている。

誤解のないようにお伝えしたいのは、あくまでこれは基本様式であり、そこから始まって多様な形のものが発生していることを記しておく。

フラメンコの場合はリズム的には、ブルースよりさらに多彩で、西洋音楽のすべてのリズムが取り込まれている。

ご存知のように、スペインは歴史の一時期には世界を制覇していた。特に中南米大陸には積極的に進出したので現在でも、ポルトガル語を使うブラジルを除くほとんどの中南米諸国はスペイン語圏になっている。

中南米の代表音楽、タンゴ、ルンバ、サンバ、サルサなどはすべてフラメンコ音楽の代表曲名にあり、リズム様式も同じである。

フラメンコ音楽がいかに世界のさまざまな民族の音楽文化に影響を及ぼしているか、おわかりになると思う。

さて、ギタリスタたちの素晴らしいアドリブ演奏がいよいよ熱を帯びてきた頃合いに、そばでパルマ（手拍子）をしていたカンタオール（歌い手）が歌い始めた。すると、ギタリスタたちはその演奏の役割を歌の伴奏にパッと切り替える。歌終わりを見計らい、今度はギターがソロを引き取る。一人が独特のファルセタ（フレーズ）を弾くと、別のギタリスタがそこに加担してファルセタを盛り上げていく。カンタオールはじっとそのファルセタを聴き、ノリのよいファルセタが聴こえると「オレー！」と合いの手を入れる。そしてまたカンタオールが歌いだすのだ。そこへ、美しいコスチュームを着たバイラオラ《女性の踊り手》が参加してパルマとパソ（足拍子）でさらに盛り上げる。ギターと歌とパルマとパソが渾然一体となって曲はどんどんクレッシェンドしていき、最高潮のそのとき、鮮やかにピタっとキメる。

本物の美しさとスリルを体感し、スペインに来てよかったと、つくづく感激した。

そうこうしているうちに、ようやく僕の存在に気づいたひとりが、不思議そうな面持ちで声をかけてきた

「お前はなんだ。どこから来た？」

「僕はハポネサ（日本人）だ」

「ハポネサ？　それは中国のどこだ？」

「ハポネサは中国人ではない。ハポン(日本)という別の国だ」

「そうか、初めて会った。ではなぜそのハポネサがここに来たのだ?」

「フラメンコ・ギターの習得のためだ」

「なんでハポネサがフラメンコ・ギターなんだ?」

「大好きだからだ」

「へ〜! 珍しいやつだ。お前はフラメンコ・ギターを弾けるのか?」

「弾けるとも! 多少弾けなければここにはいない」

「本当か? ハポネサがフラメンコを弾けるとは思えない。弾いてみろ!」という珍問答の末、僕はギターを弾くことになった。

ギターケースからギターを取り出し、ニューヨークでサビカスから伝授されたファルセタを交えた一曲を弾き出すと、かなり驚いた様子で、「おーい! ここにいるハポネサという東洋人がちゃんとフラメンコを弾いてるぜ! 観に来いよ!」と仲間に知らせた。いつのまにか、僕の前にジプシー・アルティスタたちの人垣ができてしまった。軽く一曲を弾き終わると、かなり感心した様子で皆が「オーレー!」とニコニコしながら拍手してくれた。「なかなか、やるな。ちゃんとフラメンコしているぜ、いまのはサビカスのファルセタが入っていたな。どこで教わった?」と今度はギタリスタが訊いてきた。「ニューヨークでサビカス本人から伝授された」「本当か！　それは、すごい！　お前はサビカスに会ったのか？」と言う。フランコ政権を嫌ってスペインから亡命してしまったサビカスは、スペインのジプシーたちの憧れの存在であることがあらためて確認された。「もっとほかの曲も弾いてみろ」と言うので、弾き始めるとそのギタリスタが一緒にアドリブで参加してきて、僕を取り囲んでのジャムセッションがおっ始まってしまった。

音楽の素晴らしさは、言葉や、国を軽く超えて人々とのコミュニケーションが生まれることであり、僕はその一晩で多数のフラメンコ・アルティスタの知り合いができたのである。こうして僕のスペインへの旅は幸運なスタートとなった。

その日からほとんど毎夜〈コラル・デ・ラ・モレリア〉へ通い、裏口入店して彼らジプシー・アルティスタたちと親交を深め、ギタリスタからはいろいろなファルセタを教わることができた。

この初めてのスペイン・マドリッド滞在でもうひとつ僕は一生の宝物を手に入れることができた。僕が日本から持ってきたギターは日本製のクラシック・ギターで、どうしてもフラメンコの音がしない。このスペイン滞在のチャンスになんとか本物のフラメンコ・ギターを手に入れたく思っていた。

　ある日僕は友達になったギタリスタの案内でギター店をいくつか回ってみた。そのなかのある店で、店主が「あんた、逸品の出物があるよ……どうだい？」と出してきたギターにすっかり魅せられたのだ。あるジプシー・ギタリスタが愛用していたが金に困ってその店に売り飛ばしたとのこと。見るとかなり使い込んだ傷跡が見られる中古品だったが、まだ作られて一年ほどしか経っていないものだそうだ。胴板はスペイン特有の松、ネックはチーク材、フラット板は黒檀という手作りの本格的フラメンコ・ギターである。試し弾きをさせてもらって驚いた。低音の唸るような迫力ある音と、高音の乾いて澄んだ綺麗な音が、その一見薄汚れたギターの中からほとばしり出てくる。手に持つとまるでウクレレのような軽さで、左指のアクションがとても弾きやすい。

「これは、どういうギター？」

「アルカンヘル・フェルナンデスという名工の去年の作品だ。ホセ・ラミレス、マルセル・バルベロ、と並ぶサントス・エルナンデスという伝説的名人の一番弟子で、三年前に独立して自分の名前のギター工房を始めたのだが、丁寧に作るので一年に四～五本しか作れない変わりものだ、なかなか手に入らない珍品だよ」

　値段を訊いたらとても自分の手持ちの金では買えない高価なものであった。どうしても手に入れたくなった僕は思い切っていくばくかの手付金を置いて、日本の父に速達航空便で「名品のギターに巡り合ったのでぜひ入手したい」旨書き送り、送金を頼み込んだ。いつもは「自分でなんとかしろ！」という父だったが、このときは珍しくすぐ承知して送金をしてくれた。

このギターはそれ以来現在に至るまで、五十年以上僕と一緒にいる。

さて、その名器であるギターを手に入れた僕は、ますますフラメンコ・ギター修行に励み、毎夜コラル・デ・ラ・モレリアを訪れていた。そんなある日、すでに顔見知りになっていたオーナーから舞台への出演を打診された。なんでもギタリスタのひとりが女にふられて頭が狂って行方不明になったのでお前ならクアドロ（集団舞台）のギタリスタは務まるからやってみないか？　とのことである。おそらく、仲良くなったこの店のギタリスタが推薦してくれたのだろう。

すっかりワクワク気分になった僕は、ギャラは安かったがふたつ返事でありがたく引き受けた。カンテ（歌）とバイレ（踊り）の伴奏が必須なフラメンコ・ギター修行にはまたとないチャンスであった。

クアドロはバイラオラ《女性の踊り手》、カンタオール《男性の歌い手》、ギタリスタの編成で十名ほどの出演者が一斉に舞台に上がり、賑やかに芸を披露する典型的なフラメンコ・ショウである。超一流のタブラオなので、出演しているアルティスタたちは毎夜真剣に舞台を務めていた。この経験のおかげでフラメンコ独特のノリのリズム、バイレ、カンテの伴奏のコツをすっかりつかむことができた。〈コラル・デ・ラ・モレリア〉に出演した日本人アルティスタは僕が初めてのケースだった。

そのころのマドリッド市内ではほとんど日本人に出会うことはなかったが、〈コラル・デ・ラ・モレリア〉は有名なタブラオなのでごくたまに日本人観光客がやってきた。「アラッ！ ジプシーって東洋人の顔をしている人がいるのね〜？」。舞台を降りる際、日本語で、「今晩は！ 楽しんでますか？」と声をかけたら大変驚かれたことをおぼえている。

こうして毎日フラメンコ漬けの生活を送っているうちにあっという間に日が経ち、『六人を乗せた馬車』のアイルランド・ダブリン市での公演の日が近づいてきた。

フラメンコ発祥の地といわれるアンダルシア州へレス市にも行ってみたかったが、やはり優秀なアルティスタたちはお金になる大都会のマドリッドへ集結しており、修行のためにここにいることにしたのだ。

世界的に有名なプラド美術館には何度も足を運んだ。光が美しい館内に展示されたヴェラスケス、ゴヤなどのスペイン絵画にはすっかり圧倒された。

マドリッドを去る前に店のオーナーに挨拶をし、舞台仲間のアルティスタたちを中華料理店に招待し感謝の意を表した。皆、別れを惜しんで「Amigo!」と言ってくれた。

こうして僕のスペイン・マドリッド滞在はアルカンヘル・フェルナンデス作のギター、コラル・デ・ラ・モレリアへの出演、ジプシー・アルティスタたちの友情、そしてなによりも彼らが教えてくれたフラメンコ芸術のDuende（魂）という大きな戦利品を勝ち取って終わった。

大切なギターは手荷物扱いにしてもらい、しっかり胸に抱え込んでダブリン行きの飛行機に乗り込んだ。

魔術のようなフラメンコの香りは僕の体に深く沁み渡り、目を閉じるとマドリッドでの日々が鮮やかにありありと甦って来た。

ジェイムズ・ジョイスのダブリン

一九六四年春、僕はダブリン市に到着した。

アイルランドの首都・ダブリンは、リフィー川の河口にあり、南北に都市が広がっている。アイルランドは英語を話すが、イギリスのアングロ・サクソン民族ではなく、古代ローマ時代から住み着いたケルト民族である。したがって、イギリスとアイルランドには紛争が絶えない。歴史的にはイギリスのほうが優勢なので、虐げられてきたアイルランド人はどこか哀しそうだ。

明るく朗らかで、ノーテンキなマドリッドに比べると、なにかうら寂しく陰鬱な印象の街であった。北アイルランド紛争の時代で、ダブリンもその影響下にあったのだろう。それでもアイルランド人は行儀が良く、親切な人たちだった。

『六人を乗せた馬車』一行はすでに全員到着していて宿泊先のホテルには、テイジとホセが待ち構えていて再会の挨拶もそこそこに僕のスペイン話を聞きたがる。フラメンコ修行の顛末をざっと話し、さっそくあのアルカンヘル・ギターを見せた。ふたりはその音色にすっかり驚嘆し、僕のフラメンコの長足の進歩を喜んでくれた。

あくる日から舞台稽古が始まり、僕は気持ちを『六人を乗せた馬車』モードに切り替えた。ジーン・アードマンはこの実験劇の原作がアイルランドの文豪ジェイムズ・ジョイスの超難解小説『フィネガンズ・ウェイク』であることから、このアイルランド公演にはかなり気合が入っている様子だ。

テイジ、ホセ、僕の三人の音楽ユニットはアメリカとイタリアを含め二〇〇公演ほどこなしてきたので、音楽をすっかり覚えていて舞台稽古が始まるとすぐに思い出して演奏ができたのでまったく問題がなかった。

ダブリン公演は二週間ほどの期間であったが、評判が良く成功だったらしい。僕は春とはいってもまだ薄ら寒いこの閑寂とした街中に出ていく気にならず、ホテルと劇場を行き来してホテルではひたすらフラメンコ・ギターに没頭していた。

ショウはダブリンのすぐあと続けてパリ公演と思っていたのだが、二か月後だと知らされ、一行は一時ニューヨークに帰って再度ヨーロッパに出直すことになった。風来坊の僕は一瞬マドリッドへ戻ろうかとも考えたが、期間が中途半端なので今度はパリ滞在の虫がムクムク湧いてきて、皆に「僕はパリにいてカンパニーが来るのを待ってるよ……」と宣言しOKをもらった。父が青春時代を過ごしたパリをゆっくり見たくなったのだ。

僕は陰鬱なダブリンより、春の半ばの美しい季節のパリに向かった。

パリには父の知り合いがたくさんいたのでなにかと便利だろうと思い、父にパリ滞在計画を知らせるとすぐ居候先を手配してくれた。

マダム・スザンヌ・リュリングというパリ・ファッション界の大物オルガナイザーの女性が父の大親友で左岸セーヌ河沿いのケ・マラケーという一等地に大きなアパルトマンを所有していた。いくつもある部屋のひとつを僕の滞在期間中は自由に使わせてくれたのだ。彼女はそのころ五十代になったばかり、若いときご主人が亡くなられてそれ以来独身で、仕事を自由にバリバリやっているとのこと、僕がいたころはイヴ・サンローランのメゾンの文化広報担当・重役をやっていた。

こうして、僕のパリ長期滞在はかなりよい環境で始まった。

パリでモード界の中心に

ニューヨーク・東京・ロンドン・北京と並ぶ世界都市パリの歴史は、二千五百年以上に及ぶ。十七世紀に権勢を誇った太陽王ルイ十四世やナポレオンが発展させ、現在もヨーロッパ随一の都市として繁栄している。

セーヌ河をはさんで右岸（リヴ・ドロワ）には大統領が住むエリゼ宮、シャンゼリゼ大通り、坂上に造られたナポレオン建造の凱旋門、そしてエッフェル塔などがあり、ほかに行政の主要な建物やルーヴル美術館をはじめとするさまざまな建造物がある。

一方、左岸（リヴ・ゴッシュ）はより庶民的なエリアで、芸術家、学生たちが居住している。モンパルナスのカフェ・ル・クポールやカフェ・ドームには第二次世界大戦前に画家のピカソ、サルヴァドール・ダリ、小説家アーネスト・ヘミングウェイ、報道写真家ロバート・キャパがたむろした。カフェ・ソサエティの時代である。時を経て、第二次世界大戦後にはサン＝ジェルマンの〈カフェ・ド・マゴ〉〈カフェ・フロール〉に実存主義哲学者のジャン・ポール・サルトルや小説家アルベール・カミュたちが集まって喧々諤々の議論を展開していた。芸術の街といわれるパリは同時に世界のファッション・モードの中心地でもある。僕の友人のデザイナー、ピエール・カルダン、イヴ・サンローランたちの本社は右岸にある。

パリでの数か月間は、後年の僕の仕事に大いに意味をもつ新しい世界を体験させてくれることとなった。マダム・リュリング邸に居候させてもらっているあいだにパリのモード界のその時代の代表的な人々と知り合い、おかげでモード界の人たちの生態をつぶさに観察できたのだ。マダム・リュリングはフランス・モード界の第一人者、クリスチャン・ディオールのパブリック・リレイター（外渉役）として活躍し、パリに暮らす貴族、大金持ち、一流文化人、モード雑誌などの人たちに大きな人脈をもち、その愛すべき人柄と仕事ぶりであらゆる上流社会の人たちの信頼と尊敬を集めていた。百八十センチメートルほどの長身で大柄な体型ながら柔和で気さくな人で、常に愛情溢れるまなざしは人をひきつけて止まない魅力をもっていた。

マダム・リュリングと父は、父が一九五〇年代にパリで開催した皇室所蔵の日本の絹織物の展覧会〈シルクロード展〉を観に来たクリスチャン・ディオールがその美しさに大きな感銘を受け、それ以来親しい交流が生まれたことをきっかけに、今度はクリスチャン・ディオールの服飾文化、ヨーロッパのファッションを日本人に紹介したいと思い立ち、ディオールのコレクションを日本に招聘した際、ディオール側のオルガナイザーとして活躍した彼女と無二の親友となったそうである。

ちなみに、このディオールのコレクションは日本の歴史で初めて本格的にヨーロッパのファッションが紹介されたイベントであった。現在の、日本のファッション文化はすべてこのときから始まったといっても過言ではない。

父が招聘したディオール・コレクションは言うまでもなくオート・クチュールであった。オート・クチュールとは、最高級特別仕立て服、つまり最高級オーダーメードである。

マダム・リュリング邸では夜の八時ごろになると、毎晩、その時代のパリの文化を創っているさまざまな人々が集まり、カクテルを楽しみながらひとときを過ごし、十時ごろにようやくディナーに出かけ、レストランで夕食を始めるのはそれからなので、夕食が終わるのは深夜である。その後は、当時流行り始めたディスコに繰り込み、明け方になって解散といった、相当タフでなければ付き合っていられないライフ・スタイルを送っていた。

ちなみに、ディスコテックの発祥はそのころのパリで有名な会員制プライベート・クラブ〈キャステル〉が始まりである。

キャステルはセーヌ河左岸のサン＝ジェルマン＝デ＝プレに存在し、退屈なダサい金持ちが住む右岸とは対照的な、洒落た文化人、芸術家がたむろする地区にあることで人気が高かった。会員制といっても、オーナーのジャン・キャステルの独断で恣意的に選ばれた客たちという甚だ緩いというか、勝手な基準で出入りが許可される店であった。店名も掲げていない狭い入り口に小窓があり、無愛想な小母ちゃんが見張っていて顔見知りの客のみドアのブザーを鳴らして入れてくれる。

この店の評判を訊いて一度店に入ってみたい着飾った大金持ちのアメリカ人の客たちが、店の入り口のおばちゃんに、けんもほろろに入店を断られ未練がましく店の前の道路に並んでいる横をすり抜け、ジーンズ姿の若い女の子が自由に出入りしているのが、なんとも可笑しい光景だった。

店内は、一階はバー、二階は五十席ほどのレストラン、そして地下一階にディスコ・スペースがあり、夜中になると超満員になり大人も若者も交じり合って楽しそうに朝まで踊り狂っていた。僕はマダム・リュリングと一緒に出入りしているうちにオーナーと仲良くなり、いつでも出入り自由であった。

ここで見かけたり紹介された人々を思い出すままに列挙すると、デザイナーのイヴ・サンローラン、サンローラン社の社長ピエール・ベルジェ、ピエール・カルダンなど。映画関係ではブリジッド・バルドー、アラン・ドロン、カトリーヌ・ドヌーヴ、イザベル・アジャーニなど。俳優のセルジュ・ゲンズブールとジェーン・バーキン、歌手のシルヴィー・ヴァルタン、ミック・ジャガー、作家のフランソワーズ・サガンなど。要するにその時代のパリの文化の最先端をいく錚々たる人々が毎晩集まる溜まり場であったのだ。いまや、日本を代表する世界的ファッションデザイナー、高田賢三も当時はまだ修行中の貧乏な若者であったにもかかわらずこのキャステルに出入りを許されていた数少ない日本人であった。きっと、気風のよいオーナーのジャン・キャステルにその才能を認められ、気に入られていたのだろう。

そういえば、いつも若くて元気で綺麗な女の子たちが夜中になるといっぱい来ていて、ディスコ・スペースで夢中で踊っていたのだが、皆、気さくで品のよい子たちだったのでおそらく裕福な家の遊び好きな女の子たちなのだろう。僕は、彼女たちと仲良くなり、一緒に踊ったりおしゃべりをしているうちにいつのまにかフランス語を喋れるようになっていた。外国語を覚えるには、その国の若者たちと楽しく遊ぶのが一番なのだ。

ピエール・カルダンからお金を借りる

モード界の帝王的存在であったピエール・カルダンとの出会いも忘れがたい想い出である。ダブリンからパリへ着いたとき、マドリッド滞在中に持ち金をほとんど使い果たしてしまった僕は、どうにも困り果て、口惜しかったが再び、「金がなくなってしまったので、なんとかしてください……」という旨の手紙を日本の父に送った。父からの返信がマダム・リュリング宅へ届いたのは、約三週間後であった。

「わかった、では俺の知り合いでピエール・カルダンという洋服屋がいる。そこへ行って名前を名乗り、カルダンに会い、必要な額の金を借りなさい。金の無心はこれっきりだぞ！」としたためてあった。相変わらず冷たいのか、温かいのか、不明な簡潔な手紙である。

マダム・リュリングは僕が頼む前にカルダンに連絡をしてアポイントを取ってくれてい

た。場所を確認し、エリゼ宮の隣あたりのカルダン本店へぶらぶらと歩いて行ったのだが、パリのモード界の事情など露知らない僕は、その堂々たる店構えに大いに驚いた。それでも、ノーテンキな僕はフラリと店に入っていき、女性の店員の一人をつかまえた。

「ムッシュー・カルダンに会いたい」

「御名前を教えてください、面会の御約束がありますか？　ムッシュー・カルダンの秘書に連絡します」

僕は姓名を伝え、アポイントがあることを言うと彼女はすぐ電話連絡をしてくれた。まもなく秘書らしき女性が現れ、愛想よく僕をカルダンの部屋まで案内した。

ムッシュー・ピエール・カルダンは細面で、知性的で和やかな明るい眼をした人物であった。クリスチャン・ディオールのメゾン（店）で一目置かれていたデザイナーであり、詩人ジャン・コクトーが映画『美女と野獣』の監督をした際、衣装デザインを担当しその想像力溢れる革新的なデザインで一躍注目を集めた。その後、独立して自分のメゾンを始めパリの社交界の人気を得たのだ。

ムッシュー・カルダンはニコニコしながら気さくな早口の英語で、「君がシローの息子か！　お父さんから連絡があったよ、お金が必要だとのこと承知している。好きなだけ持っていっていいよ！」と、デスクの後ろの大きな金庫を無造作に開け、両手でいっぱいの札束をつかみ出し、デスクの上にばら撒いた。見るとすべて五百フラン札の束である。さすがに少々びっくりしたが、必要最小限の額の札束を拾い出し、用意してきた紙にその金額を書き込み借用書として彼に渡した。僕の様子を興味深げに見物していたムッシュー・カルダンは、その紙を受け取るとにこやかに「暇なら、昼食を一緒にしないか?」と誘ってくれた。まったく暇だった僕は「ありがとうございます。喜んでご一緒します」と応じた。「お父さんの友達の日本女性が僕の仕事を手伝ってくれている。彼女を紹介したいので、誘っていこう」と電話をするとすぐその女性が現れた。

高田美《よし》というその女性は小柄ながら気品のある面差しの人で、てきぱきした流暢なフランス語を話した。その献身的な仕事ぶりでピエール・カルダンの信任が厚く、ピエール・カルダンの日本人に対する親愛感は大いに彼女のおかげといえる。

日本人ファッション・モデルとして最初にパリのモード界に進出した松本弘子も、メゾン・カルダンの専属として渡仏したのだ。

高田美から聞いたところによると、ピエール・カルダンはパリのモード界の異端児的存在だが単なるデザイナーではなくモードに革命的ビジネス方法を持ち込んだ天才事業家でもあるとのことであった。

オート・クチュール・メゾン（高級仕立服）でありながらプレタポルテ（既製服）という分野を切り開き、一時はオート・クチュール協会から締め出された。しかし、オート・クチュールの顧客である昔からの貴族が第二次大戦後から急速にその力が激減していくことにいち早く気づき、断行した。いわば大衆化路線ともいえるプレタポルテは、現代のパリ・モード界を支える分野となっている。

その功で今はまたオート・クチュール協会に復帰しているとのこと。最近（一九六〇年当時）は女性専用であったクチュールの世界に紳士服のプレタポルテを創出し、賛否両論が起こっているのを歯牙にもかけず、今度はブランド力を活かしてのライセンス・ビジネスで世界進出を果たした先見性に富んだ人である、との興味深い話をしてくれた。芸術家と事業家の両面を併せもつ稀有な人物らしい。

現代のファッション業界のビジネス・モデルはほとんどこの人物が創出したことを思うと彼のダイナミックな行動力がいかに偉大であったかがわかる。

このカルダンに後年会ったとき、ふと足元を見ると左右違う靴下を履いている。高田美にそのことをたずねると、単なるカルダンの早トチリなのだが、日本から来たライセンス関係の人たちは「これは新しいモードだ！　さすがカルダンだ」と大いに感心していた話は笑えた。

おかげで懐が暖かくなった僕はすっかり安心し、父にムッシュー・カルダンからいくら借りたか、高田美とも会い、昼食をご馳走になった旨すぐ手紙を送った。

父から珍しくすぐ返事が来て、勅使河原宏監督の『砂の女』という映画をカンヌ映画祭に出品するのでこの秋にプロモーションのためパリにも立ち寄るが、その際に舞台『六人を乗せた馬車』を皆で見物しにいく、と書かれていた。うれしくなった僕は、そのことをマダム・リュリングに伝えるとすでに知っていたどころか、父と一緒にその『砂の女』のプロジェクトに参加していることを楽しそうに教えてくれた。

マダム・リュリングは昼食はほとんど毎日、レストラン〈マキシム〉という創業百年の歴史ある超一流レストランに仕事の打ち合わせを兼ねて行く。パリのモード界の中心人物はここでのランチに集まってきていた。僕もよくマダム・リュリングに誘われマキシムに出入りした。彼女がマキシムに現れると常席が決まっていて、常にそこに案内された。

パリ公演と草月会館ホールでの日本公演

まだ、二十四歳の僕はいろいろなパリのモード界の人たち、アーティストなど、マダム・リュリングの紹介によってリュリング邸で会ったのだが、もうほとんどおぼえていない。ただ感じたことは、パリでのモード界の仕事はランチどきに行われているのだな、ということだった。

マダム・リュリング邸からは、ルーヴル美術館が歩いて行ける距離なので、よく散歩がてら出かけた。

この広大な美術館にはご存知、レオナルド・ダ・ヴィンチの名画『モナリザ』をはじめ、気が遠くなるほどの多数の古典美術が展示されている。おまけに、ナポレオンがエジプト遠征の際かっぱらって来た、古代エジプト美術品そのほかの美術品も、ものすごい数が所蔵されており、とてもじゃないけど一日や二日、いや一週間毎日通ってもすべて見ることはできない。

ほかにも、日本人が大好きな印象派美術は別の美術館に多数所蔵されているという具合で、パリは、街すべてが西洋美術の巨大な美術館なのだ。この街に世界の美術や芸術家が集まって来たことは、容易に想像できた。

そんなこんなで毎日を過ごしているうちに数か月は瞬く間に過ぎて、『六人を乗せた馬車』のパリ公演の日が近づき、ニューヨークから懐かしい『六人を乗せた馬車』の一座が、元気にパリに乗り込んで来た。一九六四年の春の季節だった。

いよいよ、パリ・テアトル・デ・ナシオン公演の準備が始まったのだ。


十九歳で初めて日本を出てアメリカ・ネヴァダ砂漠のまんなかの不思議な街、ラスベガスから始まった僕の約四年間の外国体験旅行は、マンハッタン・ニューヨークのこれまた不思議な地区グリニッジ・ヴィレッジを拠点にしたことで出会ったフラメンコ音楽、ミュージカル『六人を乗せた馬車』への参加による全米ドサ回り、そしてイタリア、スペイン、アイルランド、フランスなどのヨーロッパ各地をそれこそ気ままでノーテンキな旅を経験し、ようやく久しぶりの日本へ帰国することになる。

『六人を乗せた馬車』パリ公演は一九六四年春に、パリ舞台芸術祭、テアトロ・デ・ナシオン（世界諸国演劇祭）への招待参加公演の形で上演された。そのころ、父はカンヌ映画祭に出品された日本映画、勅使河原宏監督作品『砂の女』のプロモーション活動のリーダーとして勅使河原監督や映画出演者、プロデューサー、出資者一行とともにカンヌ映画祭の帰りにパリへやってきた。父に外国で会うのは、この四年間で二度目である。

『六人を乗せた馬車』のパリ公演には、『砂の女』のカンヌ映画祭出品のため、パリに来た勅使河原宏監督やプロデューサー、ほか五人ほどで劇場に来てくれた。

映画『砂の女』は父のパリ・コネクションを総動員して行なったプロモーションが功を奏して、カンヌ映画祭で「特別審査員賞」を受賞した。初めてオフ・ブロードウェイ前衛劇を見た勅使河原監督はこの作品にとても興味をもったらしく、なんと『六人を乗せた馬車』の日本公演をオファーしてくれた。

あとで知ったのだが、そのころ、勅使河原宏監督の父、草月流華道の創始者で、家元でもあった勅使河原蒼風は前衛芸術が大好きで、自らの華道にも前衛性を取り入れて斬新で革命的華道を実践していたのだ。

そして、東京の青山通りに建築家・丹下健三のデザインで総ガラス張りの先鋭的ビル〈草月会館〉を建て、地下一階に草月ホールという小劇場をつくり、その時代の若い野心的な前衛芸術家たちの牙城として、いわば彼らの後援者的存在であったのだ。

音楽家の武満徹、一柳慧、観世流能楽の一族でありながら能楽を現代芸術に取り入れる斬新な演出家でもあった観世栄夫等々が始終出入りして、日本の最前衛芸術家たちの溜まり場を創っていたのだ。


その草月ホールにオフ・ブロードウェイでOB賞まで取ったこの前衛劇を招聘することは、本物のニューヨーク・オフ・ブロードウェイ劇を初めて日本に紹介できる画期的イベントになると思ったのだろう。座長のジーン・アードマンにその話をすると、目を輝かせて「ぜひ、日本に行きたいから話を進めてくれ！」と、快諾してくれた。ちょうどそのころ決定したハワイ・ホノルル大学公演のあとに日本へ行くことが決まった。

『六人を乗せた馬車』の日本公演は、一九六四年五月一日〜五月二十四日までの二十四回公演を、前述の草月ホールにて上演した。

帰国したときの羽田空港の写真では僕は、懐かしの母国日本へ帰れたのがうれしく、青春時代の四年間の旅で手に入れたお宝フラメンコ・ギターのケースを右手にしっかりつかんでいる。

だが真のお宝は四年の間に身につけたフラメンコ・ギター演奏のスキルと、貴重で、不思議で、またノーテンキな数々のワクワク体験、そしてなによりもその間に出会った素晴らしい人々との、まるで天からの授かりもののような交流である。文化は常にそれに関わる人々の交流から生まれるものなのだ。

草月会館ホールでの『六人を乗せた馬車』の公演が無事開演し僕は約四年ぶりの懐かしい東京を満喫しながら毎日、草月での舞台を務めた。その時代の日本での前衛芸術の中心的存在であった草月会館ホールには現代芸術に関わるさまざまな芸術家たちが観に来てくれて公演は毎日盛況だった。

『砂の女』ですっかり時の人になった勅使河原宏監督が招聘した『六人を乗せた馬車』の草月会館ホールでの公演は、日本では初のオフ・ブロードウェイ前衛劇団の上演であった。

この公演は、そのころの日本の若い先鋭的芸術家たちに大きな刺激を与えた。寺山修司主宰の劇団〈天井桟敷〉、唐十郎が率いる〈状況劇場〉もこの公演を見て誕生した旨、聞いたことがある。初日には、高松宮殿下や各国大使がご来場になり、レセプションにまでご出席いただいた。

若き日の旅

僕が約四年間の外国遊学の旅からひとまず日本に帰国したのは一九六四年春のことであった。

前年の一九六三年十一月にはアメリカ大統領ジョン・F・ケネディがテキサス州ダラスで銃撃され暗殺されている。懐かしい友人たちにも再会して彼らがそれぞれ活躍していることを知った。

福澤幸雄は慶應義塾大学に在学しながら男性ブランド〈エドワーズ〉を立ち上げに参加しデザイナーとして、またトヨタ自動車のテストドライバーとして頑張っていた。加賀まりこは僕の渡米中に映画女優として松竹からデビューし、最もジャーナリスティックな女優として人気を博していた。

僕たち男の子は毎晩キャンティに集まり、そのころできたディスコ〈スピード〉や〈ビブロス〉に繰り出して可愛い女の子たちを物色した。これらの若者たちは世界で巻き起こっている反戦運動や日本で熱く展開されている学生運動などとはまったく無縁なノーテンキな毎日を送っていた。父やタンタンをはじめとする大人たちは僕の若い仲間をとても可愛がってくれた。『六人を乗せた馬車』のメンバーとしてニューヨークからやってきたテイジとホセ・リッチもそれぞれ東京を楽しんでいた。

草月会館の公演が終わりキャストやスタッフのメンバーたちはアメリカに帰国した。テイジとホセ・リッチと僕はそのまま日本に残った。僕にとってはラスベガス、ロサンゼルス、ニューヨーク、パリ、マドリッド、ダブリンなどでの貴重な経験とさまざまな人たちとの出会いが素晴らしい宝ものになった四年間の若き日の旅にいったん区切りをつけたのだ。

名工アルカンヘル・フェルナンデス1962年製のギターとともに、
一座の誰よりも早く羽田空港に降り立った著者。24歳。

『六人を乗せた馬車』のオープニング・レセプション。
右から、高松宮殿下、駐仏大使の古垣鉄郎、ひとりおいて著者。
写真提供：財団法人草月会

長嶺《ながみね》ヤス子とのコンビ

東京に帰った僕は、相変わらず好きなフラメンコ・ギターを練習していたが、一人で弾いているのは面白くない。

そうこうしているうちに、知り合いの映画スター・菅原謙次の妹がフラメンコダンサー小松原庸子であることを知り、彼女のレッスンのギター伴奏をすることを頼まれた。ある日、練習しているスタジオに行くと、そこにもう一人の日本人女性フラメンコダンサーがいた。その踊り手のフラメンコを見て僕は衝撃を受けた。しなやかで情熱的な動き、歯切れの良いリズムの取り方、素晴らしいものだった。彼女が、天才フラメンコダンサー・長嶺ヤス子である。

僕は彼女の舞踊家としての素晴らしさに魅了され、彼女のほうもギタリストとして本場スペインでの経験のある僕の存在が大切になった。僕らはコンビを組み、いくつかのレパートリーを仕上げた。いつのまにかエージェントが付き、東京じゅうの高級ナイトクラブや大型キャバレーに出演するようになったのだ。

そんなある日、長嶺ヤス子と僕のフラメンコ・ショウを観た東京ヒルトンホテルのショウレストラン〈スターヒル〉のプロデューサー兼演出家でラウル・アペルというユダヤ系アメリカ人が、僕たちのショウをいたく気に入りスターヒルへの出演を依頼してきた。こうして一流ホテルに出演することになった僕はそこで素晴らしい人物に出会った。

ある夜当時のアメリカでも有名な女性フォークシンガー、ジョーン・バエズが東京ヒルトンに滞在しスターヒルに食事をしに来たのだ。食事とともにショウを観たジョーン・バエズは、僕たちのフラメンコをいたく気に入り、ショウのあとに僕をテーブルへ招いてくれた。彼女としては、なぜ日本人が本格的フラメンコを演奏することができるのか、不思議だったようである。

現在の日本は本場スペインに次ぐフラメンコ大国になっているが、今から六十年前の一九六〇年半ばには、バイレ（踊り手）やカンテ（歌い手）はもとより、フラメンコのリズムを心得たギタリストですら皆無だったのだ。その後しばらくして、スターヒルでのショウを香港ヒルトンホテルで公演することになり、長嶺ヤス子と僕も香港へ出かけた。香港ヒルトンホテルの最上階にある〈イーグルズネスト〉というショウレストランでの約一月の出演から帰国した僕と長嶺ヤス子は、日本での本格的劇場リサイタルを思い立ち準備を始めた。

僕はまず、伴奏のギタリストを探すことに専念した。関西から三好保彦、関東からは高田鍵三が参加することになった。それぞれの地域では有名なギタリストであり、またギターの先生でもあった。本格的なフラメンコ舞踊の伴奏経験はなかったが、基本テクニックがしっかりしていたので参加してもらうことになった。キャンティの常連だった村井邦彦が面白がり、このフラメンコ公演の制作進行を引き受けてくれた。

僕と長嶺ヤス子は本格的フラメンコ舞台を成立させるためにどうしても必要なカンテを探しにスペイン・マドリッドに出かけ、マドリッドでは長嶺ヤス子の友人で日本人男性バイラオル（踊り手）である本間三郎の参加が決まった。そして肝心のカンタオールは、オーディションにてラファエル・オルテガという優秀な男性歌手を探し当て、日本に招聘することにした。

まだ国際電話代金が高価でなかなか利用できない時代にファシストのフランコ政権下のスペインからフラメンコの歌い手を連れてくるなどという至難のことをよくやったものだと、今になって思う。

長嶺ヤス子、本間三郎、ラファエル・オルテガとともに日本に帰国した僕は、直ちに女性の踊り手六名を加えた総勢十二名の本格的フラメンコ舞踊団を結成し、東京虎ノ門ホールでの初リサイタルに向けてリハーサルを開始した。

この企画には、のちに〈綜合舞台〉という日本有数の舞台制作会社を創設した僕の親友・西尾栄男が舞台進行、照明、音響担当として参加してくれることになり、公演の準備が整った。僕はこの舞踊団を〈エルフラメンコ舞踊団〉と名付け、プロデューサーとして、また演出家としての忙しい毎日を送った。

アメリカ・ラスベガスでの舞台監督経験、ニューヨークでの音楽家としての舞台公演経験が大いに役に立ったのは言うまでもないことだ。

東京虎ノ門ホールでのエルフラメンコ舞踊団の初公演は、親父の肝いりで高松宮殿下の来賓もあり、満員の盛況で大成功をおさめた。

この舞踊団の成功を知ったコンサートブッキング組織のオンキョーが、日本全国三〇か所での公演を企画。さらにこの公演を見たテイチクレコードやロイヤルレコードなどのレコード会社が僕のフラメンコ・ギターを録音し、ＬＰレコードを発売するという企画をもってきてくれた。

仲間のギタリストである三好保彦や高田鍵三、そしてスペインから招聘した歌手のラファエル・オルテガ、踊り手の長嶺ヤス子にも参加してもらい、LPを完成させた。これもおそらく日本人の演奏による初めての本格的フラメンコ・ギター・アルバムだろう。

フラメンコといえばもうひとつ忘れられないプロジェクトがある。ちょうどそのころ、レストラン運営会社・三好興産の社長が新宿の伊勢丹会館にレストランを開店する企画を練っていた。三好社長は映画『砂の女』にも投資していた事業家である。

ある日、キャンティに現れた三好社長から伊勢丹会館の話を聞いた僕は、スペインにあるタブラオ（フラメンコを鑑賞することのできるレストラン）の話をしてみた。百坪以上のスペースでのレストラン企画を少々持て余していたらしい三好社長は大いに興味をそそられたらしく、タブラオのなんたるかを知るためにスペインへ行くことを決めた。

こうして、三好社長とともに懐かしいスペイン・マドリッドへ赴いた。かつて自分が出演していたタブラオ〈コラル・デ・ラモレリア〉をはじめ、本場スペインのタブラオを次々に案内した。

その熱気と盛況を目の当たりにして、三好社長は日本でのタブラオ開店を決断した。僕の提案したレストラン名〈エル・フラメンコ〉が店名として採用された。

日本初のタブラオ店の開店を飾るフラメンコ・アーティストたちを見つけるため、コラル・デ・ラ・モレリアのオーナーや昔の仲間のフラメンコ・アーティストたちが協力してくれたおかげで、素晴らしいフラメンコ・アーティストたちが見つかりオープニングを飾る約十名のショウ編成が実現した。店の内装を飾るさまざまな装飾やお皿、絵画、闘牛のポスターなども買い付けた。こうしてたった一度の旅でまったく新しい店のコンセプトとイメージが出来上がったのだ。

一九六七年、日本初の本格的フラメンコ・タブラオ・レストラン〈エル・フラメンコ〉は華々しく開店して大評判となり伊勢丹会館には長蛇の列が出現した。

数百年の歴史をもつ本格的スペイン文化の粋である本場のフラメンコを、スペイン料理を食べながら体験することのできる空間なのだから成功は当然ともいえるかもしれない。

このレストラン〈エル・フラメンコ〉の開店が無事に終わり成功を見届けてから僕はレコーディングした三枚の僕のフラメンコ・ギター・アルバムと懐かしいマドリッドの想い出とともにフラメンコ時代をしばらく休止する。

エルフラメンコ舞踊団
『エルフラメンコ』

エルフラメンコ『フラメンコをひこう』

川添象多郎の名前でリリースされたレコード。
エルフラメンコ舞踊団は、ギターは著者のほかに、三好保彦、高田鍵三、
踊りは長嶺ヤス子、本間三郎、歌はラファエル・オルテガの編成。

沢村美司子《みつこ》との結婚

そんなある日突然、東京ヒルトンホテルの総支配人から連絡が来て折り入って僕に会いたいという。彼に会いにいくと例の〈スターヒル〉のショウプロデューサーのラウルアペルが退職することになったので後任としてプロデューサーを引き受けてくれないかとの相談であった。

もともとプロデューサーや演出家を目指していた僕は、これはよい経験になるプロジェクトだと考え、渡りに船で引き受けることにした。こうして僕の東京ヒルトンホテル、〈スターヒル・クラブ〉でのショウプロデュース時代が始まったのだ。

前述の西尾栄夫がステージ照明、音響などの舞台制作と進行を協力してくれた。毎月変わるディナーショウの企画と演出、編成はかなり大変だったがとても懐かしい想い出として残っている。そのなかでも一番鮮烈な想い出は、僕にとって初めての結婚である。沢村美司子というその女性は僕と同い年の沖縄出身の歌手だった。

七歳から米軍キャンプのステージに出演し上京後十五歳で渡米して『ラスベガスで逢いましょう』という映画でフランク・シナトラ、サミー・デイヴィス・ジュニアなどと共演、続いて一九五六年にはマーロン・ブランド主演の映画『八月十五夜の茶屋』に出演して歌とともに天才子役、天才歌手として評判になった沖縄出身歌手の草分けである。

東京ヒルトンホテルは西洋人客が多いのでスターヒル・クラブのショウに出演するエンターテイナーは英語が達者でなければばならない。日本人の歌手をはじめとするエンターテイナーはほとんど英語ができない。僕がショウ編成で大いに苦労した部分である。その数少ない英語で歌える日本人エンターテイナーが沢村美司子だったのである。

僕はもう一人の英語が達者な歌手ミッキー・カーチスと彼女を組ませてかなりユニークで楽しいショウを演出し、それがとても評判よく異例の二か月公演になった。そのショウの期間中に僕と彼女は恋に落ち入り結婚することになった。

父とタンタンは怪訝な様子だったが強引に結婚を進めた僕らを祝って東京ヒルトンホテルに数百人の人たちを招待してくれて盛大に結婚式を挙げちゃったのである。

新婚の僕と美司子はヨーロッパ旅行に出かけた。そしてその旅のついでに日本のTBSテレビのヨーロッパロケ音楽番組制作へ参加協力することになった。

渡辺正文とＴＢＳヨーロッパロケ

その番組は昭和の伝説的なＴＢＳ音楽番組プロデューサー渡辺正文が企画したＴＢＳテレビ初のヨーロッパロケ音楽番組だった。

彼は、初めてのヨーロッパへの旅でヨーロッパロケという大胆な企画を立てたのだ。

出演者は当時の大スター西郷輝彦と人気グループサウンズのブルー・コメッツである。沢村美司子と僕も歌とギターで参加出演することになった。このときの西郷輝彦のマネージャーがのちにタレントプロダクション・サンミュージックを創った相澤秀禎であり、ブルー・コメッツのマネージャーがのちの大エージェント、ケイダッシュ総帥・川村龍夫である。

しかしこのときはロケ・スタッフ、キャスト全員が初めてのヨーロッパでしかも僕以外は全員が英語もおぼつかないという珍道中だったのだ。

撮影隊や出演者より先にパリに赴いた僕は渡辺正文の依頼でこの番組のための下準備のために動いた。

以前、僕のパリ滞在中にお世話になったパリ・ファッションの中心人物ピエール・カルダンのインタビュー出演を取り付け、さらに父に頼んで百年の歴史をもつ老舗レストラン〈マキシム〉のオーナー、ムッシュー・ヴォーダブルに連絡をしてもらってレストラン店内撮影の許可を得た。

ピエール・カルダンは西郷輝彦やブルー・コメッツのために無料でスーツを仕立ててくれた。

マキシムもＴＢＳの撮影に全面協力をしてくれた。東京の〈マキシム・ド・パリ〉はＳＯＮＹの盛田昭夫会長に依頼されて父が新築の銀座ＳＯＮＹビルの地下レストランとしてプロモートし開店した本格的フレンチレストランである。イチゴのミルフィーユで有名なマキシムド・パリは一九六六年に開店し東京の代表的フレンチレストランとして二〇一五年まで四十九年間営業をした。

さて、初めてヨーロッパに来たＴＢＳの制作スタッフやキャストは英語がほとんど通じないパリでそれこそ珍道中を繰り広げたのだ。キャストに先行してパリに着いた渡辺正文とアシスタントの今里照彦を空港に迎えに行った。市内へ向かうためタクシーに乗って走っているときに、人の良さそうなフランス人のタクシーの運転手が助手席の今里にしきりに話しかける。

チンプンカンプンの今里は律儀にうなずく。運転手は話し続ける。

突然、渡辺正文が「オイ、テル！　わかんねーのに首振るのやめねーか！　この運ちゃん、やかましくてかなわねーよ」

僕は吹き出し笑い転げた。そうこうしているうちにホテルに到着し、チェックインを済ませたあと、僕は彼らを誘ってシャンゼリゼ大通りにある大きなカフェに連れて行った。渡辺正文は注文したコーヒーを一口飲むと、その苦さにペッと吐き出し、「なんだこれは！センブリか！」

「センブリってなに？」

「えらく苦い漢方薬だよ！」

「そんならナベさん、砂糖を入れなよ」と出てきた砂糖壺を渡すとその茶色でごつい角砂糖を見て、

「なんだ！　こりゃ〜岩か〜！」と叫んだ。

「センブリと岩」はパリロケの愉快な想い出だ。レストラン〈マキシム〉では撮影協力を快諾してくれたオーナーの肝いりでブラックタイの制服を着たスタッフが午後の撮影のた

め勢ぞろいしてくれた。

そのマキシムでは、ただ食事をしている情景だけでは退屈だと思ったらしい渡辺正文の演出で、ブルー・コメッツのメンバーと西郷輝彦が綺麗に用意されたオマール海老をちぎっては投げの修羅場を演じ、ウェイターたちを唖然とさせた。

マキシムはパリ最高の伝統ある店である。

僕はこれはヤバイと思い、さっさとその撮影現場からトンズラした。


パリ撮影を終えてローマに移動したスタッフとキャストは珍道中を続けた。

ローマの〈パイパー・クラブ〉でのロケのとき、番組撮影のための演奏を終えたブルー・コメッツのあとに登場したイタリアのバンドが最新のビートを駆使して素晴らしい演奏を始めた。唖然として聴いていたブルー・コメッツのマネージャーの川村龍夫が猛然と重いキーボードを舞台からかつぎ出して逃げ出したのには笑った。そのような珍エピソードを繰り広げながら撮影をなんとか無事終えたＴＢＳのスタッフとキャストの面々は日本へ帰国した。

この渡辺正文プロデューサーとの珍道中のことは、プロデューサー・木村明子が直木賞作家・なかにし礼にアイデアを話し『世界は俺が回してる』という小説として発表された。

僕と美司子はスペインへと新婚の旅を続けた。しかしこの結婚は、今思うとそれこそ若気の至りだった。

父やタンタンが危惧した如く案の定、僕と美司子の結婚は一年半で終わりになった。

そしてそれでも東京ヒルトンホテル、スターヒルクラブのショウプロデュース契約を無事終了した僕はまた独身に戻り次の人生を模索し始めた。

時代は激動の一九六〇年代の終わりに近づきもうすぐ一九七〇年を迎えようとしていた。前年にはアメリカの黒人解放運動のリーダー、マーチン・ルーサー・キング牧師が暗殺された。キャンティはますます繁盛し相変わらずさまざまな人たちが集まっていた。

福澤幸雄の死

一九六九年二月十三日の早朝、僕は父からの電話で起こされた。電話口の向こうからの声は沈んでいた。

「象郎、幸雄が亡くなったぞ……」

「え……！」

親友、福澤幸雄が前日の二月十二日に静岡県のヤマハテストコースでトヨタ7のテストドライブ中にフェンスに激突して即死したという衝撃的な知らせであった。

福澤幸雄は一九四三年にフランス・パリで生まれた。父は福澤進太郎という人で、慶應義塾大学を創った福澤諭吉の曾孫である。母は、アグリヴィーといって、ギリシャ人のオペラ歌手である。

第二次世界大戦の終戦後の一九五〇年に一家は日本へ帰国し、しばらくして幸雄は日本の小学校に入学した。一家は東京・目黒の長者丸に住んだ。そのころ、僕と弟の光郎も長者丸に母とともに住んでいた。同じクラシック音楽家同士で交流があり、僕たち兄弟と幸雄は幼馴染みとしてよく一緒に遊んだ。

幸雄は年下の妹のエミをとても可愛がる優しい少年であった。小学校では、混血の彼は同級生から「アイノコ」と言われてイジメられることがあった。僕の家は、青春時代をパリで過ごした両親の影響で外国人に対する偏見はまったくなく、幸雄兄弟は居心地がよかったらしく、頻繁に訪れて、僕たちはジャレあうように遊んだ記憶がある。

しばらくして幸雄は、彼の曽祖父が創立した慶應義塾中等部に入学し、その後慶應高校に進学した。そのころ幸雄はどこから調達したのか、フォルクス・ワーゲンのカブト虫スタイルの車を乗り回し始め、その車で深夜に僕たち兄弟を迎えに来てくれて六本木に遊びに行った。母親が寝静まった深夜に家をそっと抜け出して遊びにいくスリルはなんとも言えないワクワクした気分であった。慶應高校に進学してからの彼はアメリカン・フットボールに打ち込み、慶應高校にアメリカン・フットボール部を創った。

その後、慶應大学に進学した幸雄はモーター・スポーツに親しみ、まず、いすゞファクトリー・チームの契約ドライバーの一員となり、その後、トヨタ・ファクトリーチームの契約レーシング・ドライバーになった。トヨタのレーシング・カーに乗った幸雄は数々のビッグレースで好成績をおさめた。

有名なのは一九六八年の十一月富士スピードウエイで開催された「日本CAN-AM」でのレースだ。強豪の外国人レーサーを向こうにまわし、性能が劣るトヨタ7でなんと総合四位、日本人選手のなかでは一位という活躍だった。

レーシング・ドライバーとしての活躍のかたわら、幸雄はそのころ創立された紳士服メーカー「エドワーズ」のデザイナーとして自身のブランド「ボージェスト」を立ち上げ、ファッション・キャラクターとしても注目をされた。ファッション界においても幸雄の存在は際立った。福澤諭吉の曾孫という血筋、慶應大学というブランド、ギリシャ人との混血の彫の深いハンサムな容貌、実力をともなったレーシング・ドライバーという実績、そのころ人気爆発のグループサウンズ〈ザ・スパイダース〉の音楽アドバイザーなど、多彩な魅力をもつ天才であった。

そんな幸雄は僕たち兄弟との縁でレストラン・キャンティに出入りをして、人気グループサウンズのかまやつひろし、田邊昭知、音楽家の三保敬太郎たちと交流した。そんなあるとき、タンタンを慕ってキャンティに終始出入りしていたファッション・モデルの松田和子と幸雄が恋に落ちた。松田和子は、幸雄よりも七歳年上で日本人モデルとして初めてパリのオート・クチュールで活躍した人物である。

松田和子がキャンティで食事をしていたある日、幸雄が突然そのテーブルに座り込んで話始めたらしい。なんでも幸雄が朝食に好んで食べるイチジクの効能を熱心に話したそうである。松田和子はキャンティの裏にあるスペイン村と呼ばれているアパートに住んでいた。二人が出会ってほどなくして、幸雄は松田和子の家に出入りするようになった。

一九六九年二月、松田和子は彼女のアパートでうたた寝をしてる幸雄を起こした。前夜に僕ら兄弟やかまやつひろし等とカードゲームに夜中まで興じていた幸雄は、かなり疲れていた様子だったらしい。幸雄は彼女をアパートに残しレース場に向かうため車で出かけた。

「あの朝……私が幸雄を起こさなければ……」

彼女がトヨタのテスト・コースでの幸雄の事故死を知ったのは、その日の午後である。

福澤幸雄・享年二十五歳、素晴らしい才能をもった男の早すぎた死であった。同じ時代に三本の名作映画を残し、ポルシェに乗って激突事故で死んだ若き名優ジェームス・ディーンを想起させるような存在である。

松田和子はタンタンのアドバイスを受けて、すぐにパリへ向かった。彼女はこの時期の記憶が欠落していると語っている。

幸雄の死後、キャンティの常連の若い男の子たちは大人になっていった。それぞれの仕事や人生に打ち込むようになり、それぞれがその分野で大きく羽ばたいていった。

僕は幼いころに彼とよくお互いの家を行き来して遊び、十代になってからは僕の弟の光郎も一緒に夜の六本木の街を徘徊したころを思い出していた。

それでもキャンティでは夜な夜な第一次世代の大人たちが集まり一九七〇年に大阪で開催される日本万国博覧会（大阪万博）の事業のことで毎晩喧々諤々の議論を重ねていた。実は父がこの大阪万博に富士銀行を中心としたフジグループが出展する巨大展示施設〈フジパビリオン〉の総合プロデューサーに指名されてその準備に入り、企画チームを編成しつつあったのだ。

この〈フジパビリオン〉の建設および内部展示の企画総予算は当時で二〇億円とも三〇億円ともいわれる大規模なものであった。父は何人かの親しい友人に「これは命がけの事業になる」と言っていたらしい。

まるで自分の寿命を予知していたような不思議な言葉である。

バークレイレコードのプロデューサーに

そんなある日父を訪ねてパリから実業家がやってきた。エディ・バークレイというその人物は〈バークレイレコード〉というフランス有数のレコード会社の社長だった。バークレイレコードは、当時フランスの有名な女性歌手のダリダ、男性歌手のシャルル・アズナブールなどを擁していた。彼は日本でのバークレイレコード作品の販売を日本のキングレコードを通じて行っていた。しかしそれはフランス制作のレコードの発売であった。日本のマーケットを視察したエディ・バークレイは日本での独自のレコードプロデュースを思い立ったのだ。著作権管理などが整備されている日本のマーケットの将来性を感じたのだろう。

キャンティに毎晩現れていた彼は日本でのバークレイレコードのためのレコードプロデュースの話を僕に持ちかけてきた。

すなわちフランスのバークレイレコード専属のプロデューサーとして仕事をしないかという提案である。実をいうと僕は本格的なレコードプロデュースの経験はまったくなかった。しかし例によってのワクワク気分が先行した僕は二つ返事で引き受けることにした。

そしてそのころ超人気グループサウンズのタイガースを脱退して毎日キャンティに出入りしていた加橋かつみのソロのレコード制作をエディ・バークレイ社長に提案しパリでのレコーディングが決定した。

こうして僕と加橋かつみの運命的なパリ行きが決まった。

この一九六九年のパリで僕はロックミュージカル『ヘアー』に出会うことになる。

再びパリを訪れた僕と加橋かつみはさっそくバークレイレコードに行きアルバムレコーディングの準備をした。作曲は加橋かつみ、村井邦彦、かまやつひろしなどが行い作詞は加橋かつみ、山上路夫、安井かずみそして亡き親友、福澤幸雄の妹、福澤エミが参加してくれた。みんなキャンティに来る仲間たちだった。

そしてエディ・バークレイはこのアルバムのための編曲家ジャン・クロード・プチを紹介してくれて僕は彼と打ち合わせを行いレコーディングの準備を着々と進めた。曲も出揃い編曲も完了したのでスタジオでの録音が始まった。ジャン・クロード・プチの編曲でのレコーディングはその当時まだ日本では皆無だったマルチチャンネルの録音機材で行われた。マルチチャンネル録音とは複数のチャンネルにそれぞれの音を入れて、あとでそれを混ぜてステレオにトラックダウンするという録音方式である。トラックダウンの際ひとつひとつのチャンネルに手を加えたり、音量、音質を調節したりできるのである。したがって完成した音は非常に分離がよくクリアな音質になる。簡単にいうと歌は歌として伴奏楽器はそれとしてそれぞれが明瞭な音で聞こえ立体感が出るのだ。こうして僕のレコードプロデューサーとしての第一作は最高の録音機材とスタッフに恵まれて始まった。

同時に僕はバークレイレコードの専属アーティストでまだ無名だが日本で売れそうな歌手の物色も行い、モロッコ生まれのダニエル・ビダルという十代の可愛い新人女性歌手を見つけた。この歌手のレコード作品は僕が帰国してからキングレコードに紹介して日本でのデビューが決まり、発売されたシングル『天使のらくがき』はスマッシュヒットになる。彼女は大人の歌手が圧倒的主流のフランスよりむしろ日本での活躍が主になった。

村井邦彦と「マイ・ウェイ」

さて前述の加橋かつみのレコーディングをパリで行っているときに日本から村井邦彦が国際電話をくれたのだ。

村井邦彦は慶應大学を卒業してしばらく〈ドレミ商会〉というレコード店を運営していたがレコード会社に発掘されて作曲を始め、才能が開花して瞬く間に売れっ子作曲家になっていた。「ショーちゃんがいるなら僕もパリに行ってみよう」と電話口で言ったのち、すぐにパリに飛んでくることになった。この行動力溢れる村井邦彦のパリへの最初の旅が、その後の彼と僕とのさまざまな音楽プロジェクトの始まりになった。

パリに着いた村井邦彦は音楽出版ビジネスの会社を新たに設立する計画を僕に話した。

そのころの僕は脳天気なことにバークレイレコードのプロデューサーをやっていながら

音楽出版の仕事がなんであるかをまったく知らずにいたのだ。僕は村井邦彦をエディ・バークレイに紹介し現在日本で最も売れている作曲家であり音楽出版社の社長であると吹聴した。すっかり信用したエディ・バークレイは村井邦彦をバークレイ傘下の音楽出版社エディションバークレイに紹介してくれた。

さてエディションバークレイの社長ジルベール・マルアニと村井邦彦のビジネスミーティングの前日になってパリの安ホテルのベッドにひっくり返っていた村井邦彦が相談を持ちかけてきた。

「ショーちゃん明日のミーティングのために僕の会社の名前を考えようよ！」

「エッ？　会社の名前はまだないの⁇」

「うん。今度日本に帰国してから設立することにしてるから！」

「え、じゃあすぐに名前を考えよう」

「イプシロンというのはどうかな？」

「なにそれ」

「アルファ、ベータ、イプシロン」

「それなら一番初めのアルファにしちゃったら？」

「そうか…そうだな、そうしよう！」というわけであっさり新会社の名前が〈アルファミュージック〉と決まった。

後日談としてこの時僕はアルファのスペルを〈ＡＬＦＡ〉と書いたのだ。すっかり信用した村井邦彦は日本に帰国してから会社を登録する際そのまま〈ＡＬＦＡ〉にしてしまった。あとで調べたら実はアルファの正式のスペルは〈ＡＬＰＨＡ〉だったのだ。いやはや、早トチリの極みである。しかしその後ヒット曲がたくさん生まれてレコード会社にまで発展した後はかえって〈ＡＬＦＡ〉のほうがかっこよく見えるのが不思議だ。

こうしてエディションバークレイに二人で乗り込んだ僕は社長ジルベール・マルアニに日本の売れっ子作曲家で音楽出版社アルファミュージックの社長、村井邦彦を紹介した。エディ・バークレイの紹介なので丁重に迎えられた村井邦彦はさっそくエディションバークレイの社長、ジルベール・マルアニとの商談に入った。音楽出版ビジネスについてはチンプンカンプンなので、僕は彼らを残して広大なオフィスの廊下をウロウロしていた。そのとき僕は、廊下に座り込んでギターを弾き、歌っている青年を発見し、目の前で聴き入った。その歌は、夕暮れのような哀愁を感じさせながらも、メロディーは力強く、すぐに魅了されてしまった。

そこで僕は、商談真っ最中のオフィスに割り込み、ジルベール・マルアニにその青年のことをたずねた。ジャック・ルヴォーという名の青年であり、歌っているのはきっと「コムダビチュード」という曲だが、まだ歌詞ができていないのだと教えてくれた。僕は村井邦彦に、是が非でもその曲の出版権をもらうべきだと伝えた。ジルベール・マルアニに相談すると、出版権を無料で渡してくれるという。そしてなんと、「ポール・アンカが作詞することになるかもしれないがまあ、ハリウッドのことだから少々眉唾だけどね」と、笑いながら話すのである。

ポール・アンカは一九五〇年代末にエルヴィス・プレスリーと並ぶ超人気歌手で、しかも彼は作詞・作曲までこなし「ダイアナ」「キミは我が運命」などの大ヒット曲で知られる。

商談は順調に展開し、村井邦彦はエディションバークレイとの取引を決め、そして、「コムダビチュード」の日本での出版権と一緒に帰国した。村井邦彦はすぐに音楽出版社〈アルファミュージック〉を設立した。

「コムダビチュード」のことなどすっかり忘れていたある日、なにげなく聴いていたラジオからその曲が聞こえてきて、驚いた。フランク・シナトラが歌っているのである。しかもその曲はすでに全米ヒットチャートの一位を独占状態だという。ポール・アンカが詞を作り、曲名は「マイ・ウェイ」になっていた。こうして、僕と村井が発見した「マイ・ウェイ」はいろいろな意味でアルファミュージックの貴重な財産となった。

さて村井邦彦が帰国したあとも僕はパリでの加橋かつみのレコーディングを続行し、ようやく完成にこぎつけた。そのアルバム『パリ・1969』はマルチチャンネル録音での仕上げで当時の日本ではほかの追随を許さない最高のサウンドの作品になった。おそらく日本では初のマルチチャンネル録音のレコードだろう。僕はビートルズのレコード作品の録音の素晴らしさの秘密がわかった気がした。

加橋かつみ『パリ・1969』(1969)

アルファミュージックのロゴ

ダリと一緒に『ヘアー』を観に行く

ちょうどその時期に僕は、世界的に話題になっているロックミュージカル『ヘアー』のリハーサルがパリで行われることを知る。

激動期のニューヨークで青春時代を過ごした僕は、オフ・ブロードウェイの舞台を懐かしく、また身近に感じ、リハーサルを見ることに決めた。フランス語がわからないために毎日僕と一緒に行動していた加橋かつみは、もちろん僕に同行することになった。

そのヘアーのリハーサル見物に加橋かつみが偶然パリの街で出会ったカルロスというフランス人青年も同行することになったのだ。誘いあわせた美貌のカルロスには不思議な同行者がいた。カイゼル髭のような鼻の下に丸まった髭をくっつけたその人物はよく見るとスペイン人シュールレアリストの二十世紀の代表的画家サルヴァドール・ダリだった。

こうして奇妙な取り合わせの僕たち四人はヘアーのリハーサルが行われている少々古び

たサンマルタン劇場に乗り込んだ。

劇場に入ると舞台上で髪を長く伸ばしたヒッピーの若者たちが歌を歌っていた。どうもこの劇場を借り上げてのリハーサルをしている様子である。日本人の僕らを含めたその光景はそれこそサルヴァドール・ダリのシュールリアリズム絵画のようだった。

しばらくリハーサルを眺めていた僕はヒッピーの若者たちのみで構成されているユニークなキャスティングや非常に美しい楽曲、舞台上に配置されたロックバンドなどの従来のブロードウェイ・ミュージカルの概念を超えた斬新な舞台に魅了された。ニューヨークのグリニッジ・ヴィレッジにいた若者たちを思い出したのである。そしてあの前衛的なニューヨークの演劇の息吹きを再び感じ取った。

僕はその場でこのパリのヘアーを仕切っているプロデューサーをたずねた。

なんとその人物はリハーサルの舞台上で演出をつけていたのだ。ベルトラン・キャステリというその人物はパリのヘアー公演では演出も兼務していた。僕はリハーサルの休憩時間を見計らいベルトラン・キャステリに面会を申し込んだ。有名な画家サルヴァドール・ダリと一緒にいた僕を信用したのか彼は快く面会をしてくれた。

僕は臆せず彼にヘアーの日本公演を実現するオファーを申し込んだ。そして三か月のオプション付きでの独占交渉権を得たのである。僕はすかさずあくる日に簡単なアグリーメントを作成し、彼のサインをもらった。そのときキャステリは僕に妙なことをたずねた。

「君の星座はなにかな？」

「なにか知らないけど一月二十七日生まれです」

「そうかそれならアクエリアス（水瓶座）だな、よしよし」

「どういう意味ですか？　なにがよしですか？」

「いやこのミュージカルは水瓶座がテーマの作品だから君ならできるかもしれない」

「へぇ。そんなもんですか？」というなにか不思議な会話をして僕は劇場をあとにし、数日後日本へ帰国した。帰国した僕はさっそく父にパリでのヘアーとの出会いを報告し日本公演の実現のための協力を依頼した。

　そのころ日本ではヘアーはニューヨークの前衛劇のひとつでマイナーなものだというとらえ方をしていた。もともとニューヨークダウンタウンの小劇場で上演されてからブレークして大劇場での公演を勝ち取りそれからは瞬く間にドイツ、イギリス、フランスに異例の速さで広がった作品だったので現在ほど情報産業が発達していない当時の日本ではまだほとんど知られていない状態だったのだ。

　僕はもともとマイナーな芸術が好みでなかったので父の紹介で歌舞伎を擁する日本の大興行会社・松竹の永山武臣専務に会いに行った。永山専務は作家三島由紀夫とも懇意で三島由紀夫作品の歌舞伎座での公演を実現したり歌舞伎の世界進出を推し進めたりする世界的ヴィジョンをもった人物だった。

今にして思えばヘアーはヒッピーの若者たちが創った反体制ミュージカルであり舞台でも体制をからかい反体制を歌い、徴兵を拒否しフリーセックスを勧め、そしてマリファナを吸いながら賛美しその果ては舞台で全裸になり、おまけに音楽はロック調といった体制側から見たら甚だ危険でけしからんミュージカルなのだ。しかも出演者は全員が髪を長く伸ばしたヒッピーの若者たちである。当時の日本人は、ほとんどが髪を短く刈り込み、毎日真面目に会社や学校に通う生活を送っていた時代だったので、反体制の象徴のようなヘアーは危ない世界だった。日本にはヒッピーなどはまったく存在していない時代なのだ。そんな日本の環境でこのミュージカルが受け入れられるか、観客に理解してもらえるか、今思えばかなり危なっかしいこのプロジェクトを最も保守的な興行会社に提案したのだからかなり無謀でノーテンキな行動だったのだ。

しかしこのプロジェクトに興味をもった永山専務はさっそくリサーチを行いこの作品が世界の演劇の中心地であるブロードウェイでの驚異的な大ヒット作でありしかも世界中に広がりを見せている事実を知り、本来の興行者精神が動かされたのだろう。永山専務は城戸四郎社長の承諾を取り付けヘアーの松竹主催による上演が決まる。

『ヘアー』日本公演

一九六九年七月二十九日『ヘアー』の日本公演の記者発表が松竹主催で行われた。松竹からは永山武臣専務、寺川知男プロデューサー、実質的な招聘を行った川添浩史、僕、そしてこのため急遽来日したベルトラン・キャステリが出席した。世界的に話題の反戦ミュージカルの公演発表ということで予想をはるかに超えた記者が集まった。

アメリカの若者たちは故国を遠く離れたベトナムのジメジメしたジャングルのなかでの観念的で無意味な戦争にほとほと嫌気が差しており、髪を長く伸ばし反戦運動に参加した。その大きな波が日本にも押し寄せていた時代をマスメディアは感じとっていたのだろう。それに日本のメディアは根本的に戦争反対の体質なのだろう。

これ以降この公演は超話題作となりあらゆるマスメディアを賑わすことになる。そして発表された公演計画は、一九六九年十二月五日開幕、東京では翌年の二月末日までの約三か月間という異例のロングラン上演、出演者は加橋かつみほか二、三名の出演者を除いてすべてオーディションで決定した。アメリカより六名の黒人女性出演者を参加させる。舞台上には七名の特別編成ロックバンドを置く、などのプランが発表された。オーディションによる出演者選考も日本では初のことで画期的だった。

オーディションには日本全国から三千五百人の野心的な若者たちが応募してきた。オーディションはベルトラン・キャステリと僕とそして松竹の寺川プロデューサーで行った。そのころには僕は専任プロデューサーとしてこのプロジェクトに参加していた。まず書類選考で二百人にしぼり次に一人一人簡単なインタビューを行い続いて歌の審査や踊りのスキルをチェックした。僕はこのオーディションだけではなく知り合いのミュージシャンや無名の歌手、モデルなどに声をかけてヘアーへ参加させた。

協力してくれた詩人で脚本家の寺山修司の劇団天井桟敷からも出演者を紹介してもらった。こうしてヘアーに出演する三十三名のキャストは決まっていった。

ベルトラン・キャステリは日本のヘアーの演出家としてオーストラリア出身の若い演出家ジム・シャーマンを推薦した。音楽監督はアメリカからダニー・ハートが参加することになった。僕は演出家、音楽監督が来日する前にリハーサル会場の赤坂国際文化センターにキャストを集めてまずヘアーのなかで歌われる歌のリハーサルを開始した。

ヘアーはほとんどセリフがなく歌で構成されるミュージカルなのでこの事前リハーサルは大変効果的で後から来日したダニー・ハートに大いに感謝された。そういえば数々の歌の翻訳はすべて僕と加橋かつみでやってしまった。

こういう若者たちのなかにひとり異色の出演者がいた。ドイツのヘアーに出演していた寺田稔《みのる》である。彼は若いときにドイツに渡り演劇の勉強をしていてヘアーにめぐり会いドイツのヘアーでは主役のひとりであるバーガー役を演じていた。僕はその寺田稔がドイツのヘアーに出演していることをベルトラン・キャステリから聞き、さっそく彼に国際電話をして日本のヘアーへの参加を求め快諾を得た。ヘアーのステージに精通し英語も達者な彼の参加は日本のヘアーを創りあげていくために大きな戦力になると思ったのだ。

久しぶりの日本に帰国してリハーサルに参加した彼は当初大いに戸惑ったらしい。日本のキャストの演技や振る舞いがとても子供っぽく感じられたのである。たしかに同年代の西洋人の青年たちに較べると日本人は子供っぽいのである。それは現代でもＡＫＢ４８などに代表されるアイドルたちの子供っぽさに見られる。しかしないものねだりを言っていても始まらないので日本ヘアーは初日に向かって毎日のリハーサルに突入した。

オーディションで集められたキャストたちは大きな舞台経験など皆無の若者ばかりだった。しかしジム・シャーマンの落ち着いた巧みな演出力と美しい楽曲に力づけられてヘアー日本版は完成していった。

稽古場にはいつも香がたかれ稽古の始まりには出演者が全員輪になって目を閉じて手をつなぎ「オ〜ム」という音を出しながらまず瞑想した。まるで催眠術が行われているようだった。キャステリは出演者の若者たちを集めてこう言った。

「ヘアーは演じるものではない。自分たちの生活と日常そのものを観てもらえばよい。家から来たままの格好で舞台に上がり舞台が終わればそのまま帰るのだ。舞台にいるときだけがヘアーじゃないんだ！　君たちの日常がヘアーなのだ」

そしてヘアーの出演者たちは〈トライブ（族の意）〉と呼ぶことを告げられた。一方、ジム・シャーマンはテキパキと着実に演出を進行し、ダニー・ハートは毎日美しい挿入歌の練習を行った。こうしてオーディションで集められた若者たちはヘアーの不思議な世界の住人に変わっていった。

いつの間にか彼らの髪の毛は長くなり、男の子も女の子も色とりどりのTシャツとジーンズの服装に首には自分たちで作ったビーズの首飾りをかけ、ブレスレットをして本物のヒッピーになっていった。やがてヘアーの初演間近になり初日三日前にはリハーサルは渋谷・東横劇場での舞台稽古になった。そのころにはすでに舞台装置も完成していた。

ヘアーにはドラマチックなストーリーは存在しない。強いて言えば男二人、女一人のヒッピーの典型的なキャラクターを軸にヒッピーの男女たちが彼らの日常生活や価値観とそれにともなうエピソードを歌で綴っていくという舞台である。彼らが舞台上で語り繰り広げるエピソードは自由を歌い、フリーセックスを賛美し、戦争を拒否し、マリファナを肯定し反体制を主張するといった、大人たちから見ると甚だけしからぬテーマなのだ。しかしそれらを包み込む音楽と歌の数々は非常に美しい作品だった。ちなみにヘアーの歌の数々はミュージカル史上最多のカバーレコードが出されている。

ヘアーはベトナム戦争をはじめとして長く続く果てしない戦争に傷ついたアメリカを中心とする世界中の若者たちがその戦争に対する抗議運動を展開した時代の息吹きを集約した作品だったのである。

僕たちがヘアーのプロジェクトに取り掛かっていたころの一九六九年八月半ば、アメリカの人口六千人程度の小さな町、ウッドストックの農場で行われた四日間の反戦と愛を歌う歴史的ロックコンサート〈ウッドストック・フェスティバル〉には雨のなかに四十万人を超える若者たちが集まった。このコンサートはアメリカの音楽史に残る歴史的なイベントとして今も語り継がれている。僕が三年前に東京ヒルトンホテルのスターヒル・クラブで出会った女性フォークシンガーのジョーン・バエズはこのステージで四十万人の観客の前でアカペラの歌を歌い、黒人ロックシンガーのジミ・ヘンドリクスは左ききでの破壊音のギターソロでアメリカ国歌を演奏して歴史に名を残した。

それらの時代背景に後押しされながらヘアーの日本公演は一九六九年十二月五日に初演を迎えた。

日本人が初めて体感したサイケデリック

新聞、雑誌などのメディアに連日取り上げられていたヘアーの前売り券の売り上げは歌舞伎よりも高い入場券にもかかわらず好調だった。満員の初日の観客席には三笠宮殿下ご夫妻をはじめとして大佛次郎、船橋聖一、黛敏郎、有吉佐和子、いずみたく、吉永小百合などの有名人の顔が見え開幕一時間前から劇場のロビーは人々で溢れていた。

開演前にこの初演の日に出演者が全裸になるシーンがあるという情報を聞きつけた警察がチェックしにくるという話が伝えられたが僕は気にしなかった。裸などストリップ劇場でも堂々と行われていることだし、ましてやストーリーの流れのなかで一瞬見られるシーンにすぎないのだから問題にするほうがナンセンスだと思っていた。

ヘアーの舞台装置は幕がない開帳場といわれる方式であった。それに「八百屋」と呼ばれる前面に少し傾いた大きな円形の舞台を設営しそれに照明を取り付けた鉄骨のトラス

(三角形の骨組)が取り囲んでいるという斬新なものだった。入場した観客は自由に開演前にその不思議な形の舞台を眺めることができる。出演者のヒッピー姿の若者たちは観客の入場前から劇場のロビーに散らばっていて入場してくる観客たちにニコニコ笑いながら花を配っている。観客たちはおそらく彼らが出演者だと思わない日常的で自然な振る舞いだ。舞台奥からは香の匂いが漂ってきていた。日本の観客にとってそれだけで見たことがない舞台である。

ベルが鳴り、観客が席に着いたのを見計らい舞台奥に現れたバンドが電子音を鳴らし始めた。それと同時に今まで気楽に話しかけていたヒッピー姿の若者たちがストップ・モーションの如くフリーズする。そして徐々に暗くなっていく舞台に向かってスローモーションで近づいていく。やがて音楽は低音のリフレーンに変わる。観客席から舞台に上がっていくころには舞台奥からもヒッピーたちが現れ、丸い舞台の中央に向かっていく。

彼らが舞台に上がりきったとき、音楽はリズムのあるリフに変化し舞台照明は丸いステージの中央への、上からの強いサススポットだけになる。トライブたちはそのスポットを取り囲んで輪を作る。そのくっきりとした中央のサススポットのなかに黒人の若者が入ってきてテーマ曲の「アクエリアス」を高音の美しい声で歌いだす。

続いて輪になっているヒッピーたちがコーラスで参加する。素晴らしく斬新なヘアーの舞台の幕開けであった。

ヘアーはほとんどセリフがなく三十曲を超える歌で綴られる。

舞台は無事に進行し最後の曲「レット・ザ・サンシャイン・イン」のコーラスがトライブ全員によって歌われクライマックスになり終わる。いったん音楽は終わるが続けてバンドが再び演奏をはじめ、今度はトライブたちが客席の観客をどんどん舞台に引っ張り上げて踊り狂うという前代未聞のフィナーレが行われた。まるでそのころから現れたディスコのような風景だ。

ちなみに、写真を撮られるときのポーズとしての〝ピース・サイン〟は、ヘアーのときに出演者同志ではじめられたものだ。このサインは日本中に広がり、現在でも若者たちが好んで使っている。

『ヘアー』日本オリジナル・キャスト版LP（1970）

ジャケット内側

川添浩史の遺言

時代の熱気に当てられて初日の舞台は大成功に終わり、日本版『ヘアー』は無事開幕した。

僕がヘアーにかかりきりになっていたころ、父は大阪万博の大プロジェクトである富士グループ・パビリオンの建設と内部展示の準備進行で毎日忙しい日を送っていた。

このパビリオンのプロジェクトチームはパビリオン建築設計・村田豊、映像・カナダチーム、伊藤貞司、音楽・黛俊郎、装飾・今井俊満、といったキャンティ第一次世代の人たちを中心に構成され、彼らは毎晩キャンティに集まり喧々諤々議論を重ねていた。

村田豊が設計した富士パビリオンの建築は直径四メートルの合成繊維のパイプに圧縮空気を吹き込んで膨らまして並べて密着させた世界初のいわば布と空気の建築物で十階建てのビルが中に収まるほどの巨大な空間であった。

父や村田豊はこの方式の建築物は未来の宇宙、海洋、極地、砂漠などの開発に応用することができると考えたのだ。この建物は万博が終わったあと中の空気を抜けば直ちに撤去できるという仕掛けであった。また内部展示の方式では来場した観客はぐるぐる回転する遊歩道に乗ったままマルチスクリーンに映し出される巨大な多面映像を観ることができる非常に未来的な空間であった。ドームの内壁には曼荼羅を思わせる百六十八個もの映像が現れ、光線を縦横に交錯させる幻想的な照明のなかを電子音楽が流れていた。巨大マルチスクリーンに映される映画は地球上のさまざまな風景や動物たち、また自然と人間の営みをカナダチームが世界中で撮影した巨大映像である。その映画は一箇所に立ったまま約二十分で観ることができ、回転する遊歩道は多人数の観客が押し寄せる万博の混雑を計算してのまことにスムースな展示方式だった。ちなみにこの富士パビリオンは大阪万博における建築賞を獲得している。

一九六〇年代の最後の年はヘアーと大阪万博という僕らにとっての二大イベントが行われているなかで暮れようとしていた。

しかしヘアー開幕前後に父は体調不良になり慈恵医大に入院して手術を行った。

父の体は肝臓ガンに侵されていてその進行が激しくすでに手がつけられない状態になっていたのだ。しかし意識の乱れはなく死の数日前に見舞いに訪れた村井邦彦にしっかりした声で話したらしい。

「村井君、いいことを教えてやろう」

村井はいくぶん緊張して、「なんでしょうか？」と問い返すと、「この病院の隣の蕎麦屋はうまいぞ」とにっこり笑ったそうである。残された父の遺書では、万博やヘアー、キャンティのことには触れられていない。長年仕えた高松宮殿下を心から尊敬していたこと、光輪閣の残されたスタッフへ向け、自分の亡き後も高松宮殿下に忠誠を尽くすようにと述べられている。

死が近くなり、父はタンタンと僕たち兄弟以外は病室から出るよう言った。そしてその死の間際に「象ちゃん、光ちゃん」と僕たち兄弟の名前をつぶやいたのち、息を引き取った。五十六年の人生であった。父がタンタンと僕ら兄弟に遺言として残したもうひとつのことは、「人の死はいわば芸術作品の完成のようなものである。ゆえに嘆き悲しむものではない。むしろその人生の完成を祝うべきものである。私が死んだら葬儀は簡単に済ませむしろお祝いの会を盛大にやってほしい。私が生前お世話になった友人知人をご招待して楽しい会を催してほしい」

その遺言のとおり、タンタンと僕ら兄弟は父のいうパーティーを東京ヒルトンホテルにたくさんの友人知人を招待し、作曲家、黛俊郎に司会をお願いした。ヘアーのトライブたちも出演し、舞台でテーマ曲「アクエリアス」を歌った。ちなみに父の星座は水瓶座(アクエリアス)であった。

こうして激動の一九六〇年代は父の死とともに終わった。

そして迎えた一九七〇年二月二十五日、ヘアーの東京公演は十一万人の観客を動員して終了し、僕は亡き父に心のなかで感謝しそのことを報告した。

その翌朝、打ち上げを終えて帰宅した僕を、見慣れぬ男たちが家の前で迎えた。彼らは警視庁の刑事だった。なにごとかと訊くと、なんと僕に逮捕状が出ており、罪状は大麻取締法違反だという。

「大麻取締法って、なんですか」と問い返すと、最近できた法律であるとのこと、そんな法律があることなどまったく知らずにマリファナを吸っていた僕らだったのだ。知らぬが仏もいいところである。

僕以外にも出演者五人が逮捕され警視庁の留置場に入れられてしまった。ヘアーは三か月の東京公演を最後に終了することを余儀なくされた。僕は二十一日間の取り調べののちに保釈された。そして数か月後に行われた裁判で僕たちは執行猶予となった。

この事件にはあとで考えるといろいろ不審なことがある。申し合わせた如くヘアーの東京公演が終了するのを待って警視庁の手入れが行われたことなどは松竹と警視庁が合意していたとしか思えない。

その後、再度の大麻事件で僕はとうとう前橋刑務所に収監されてしまった。前橋刑務所では印刷工場で一年を過ごした。僕は印刷工場では写植機械を担当した。そのとき、ある日、世阿弥の『花伝書』の仕事をすることになり、僕は自ら担当官に申し出てひとりで『花伝書』一冊を仕上げた。おそらく講談社文庫版の写植のはずだ。『花伝書』は世界最古の体系的な俳優養成書である。シェイクスピアより以前に日本ではすでにこのようなものが出来ていたのは驚きであった。

一九七〇年十一月二十五日、キャンティの常連だった三島由紀夫は自らが主宰していた〈楯の会〉のメンバー三名とともに市ヶ谷陸上自衛隊東部方面総監部に乗り込み、総監を人質にとり自衛隊員に向かって悲憤慷慨の演説をしたのち割腹自殺を遂げた。

三島由紀夫が亡くなる前、僕は父から頼まれて書類を届けに光輪閣に参じた。

父は光輪閣の大広間で、すべてのドアを開け放ち、三島由紀夫と向かい合って座り、なにごとかを話し合っていた。まるで武士の秘密会談のようだった。そしてその日の晩、楯の会のメンバーを連れた三島由紀夫がキャンティに現れた。彼はキャンティのアルバムに漢詩を書き残していった。しかし、三島の死後そのアルバムのページは心ない誰かに切り取られてしまっている。

父の死、三島由紀夫の死、ヘアーの終息はひとつの時代の終わりを象徴する出来事のように感じられた。

タンタンの死

タンタンは一九七四年、まるで父のあとを追うように亡くなった。享年四十五歳の短い人生である。美しさにこだわっていた彼女にとっては本望であったのかもしれない。

タンタンが亡くなったあと、僕はパリのサンローラン社にその報告へ赴いた。タンタンはそのセンスをイヴ・サンローランに深く信頼され、日本でのライセンス商品開発をすべて任されていたのだ。

パリに着き、サンローランの部屋に通されて彼に挨拶しようと見渡したのに彼は部屋にいない。ふと振り返ると、なんとイヴ・サンローランは大きな扉の陰で目にいっぱい涙をためて凝然と佇んでいた。

彼はタンタンの死を心より悲しんでいた。僕はフランスの第一級のデザイナーの繊細な心に触れて感動した。

ちなみに、サンローランの凄腕マネージャーのピエール・ベルジェは、以前はフランス人画家ベルナール・ビュフェのマネージャーであり、大きな城の中にビュフェのアトリエを造り、高い天井から差し込む光のなかにキャンバスを置いて絵を描かせ、客を連れていくと遠くからその様子を見せて、「ほら！　あそこで天才が描いている！」という演出でビュッフェを売り出した話で有名だ。

この友情厚いふたりには、タンタンが行っていたイヴ・サンローラン社の日本におけるライセンス・ビジネスを引き継ぐように依頼され、僕はその後二年間そのビジネスを行った。

マッシュルーム・レーベル

話は一九七〇年に戻る。

ヘアーの公演が終わり音楽制作を再開した僕は、友人のミッキー・カーチス、内田裕也、そして京都のイベントプロデューサー・木村英輝たちとともにレコードレーベル創立の構想を練っていた。木村英輝は令和の現在も健在で、京都で画家として大活躍をしている。皆でミッキー・カーチスの自宅に集まり、ああだこうだと喋りまくっていたとき、当時流行していたドラッグ・カルチャーや、幻覚作用のあるキノコ、マジックマッシュルームの話題になった。

「それを食べると、ずいぶんハイになれるらしいよ」

なんて話をしているそばで、ミッキーの当時の奥さんが真っ赤なマッシュルームのイラストを描いていた。それを気に入った僕らは「これをレーベルマークにして、名前はマッシュルーム・レーベルにしよう」と決めたのだ。

ただし、この四人は全員がアーティスト気質で、肝心の会社運営資金を調達するビジネス行動のできるものがいない。経営のことなんて置き去りにして好き勝手に言いたいことを言い合っているだけなのだ。しかし、言うまでもなくレコーディングをするためには資金が必要である。

そこで、音楽出版社・アルファミュージックを経営している村井邦彦に相談することにした。村井は大いに面白がり、仲間になってくれるという。村井邦彦が、ものすごい行動力、そして交渉力の持ち主であることは承知していたけれど、コロムビアレコードに掛け合って、すぐに制作費二千万円を調達してきたことには驚いた。

一九七〇年、〈マッシュルーム・レーベル〉はこのようにして始まることになった。

マッシュルームには、細野晴臣や松任谷正隆、小坂忠をはじめ、内田裕也のプロジェクトである麻生レミとフラワーズ、それにミュージカル『ヘアー』の出演者からの若い仲間が集まった。当時の日本における音楽制作のプロセスは、まずレコード会社のディレクターが作曲家と作詞家に制作を依頼し、編曲家がアレンジメントして楽譜を完成させ、インペグ屋と呼ばれるブローカーによって集められたミュージシャンが〝楽譜を演奏する係〟として譜面どおりに楽器を演奏する、という具合であった。一方マッシュルームでは、村井邦彦の発想による画期的な音楽制作方法がスタートすることになる。

それは、気の合うミュージシャン同士でセッションをしながら音楽を作りあげていくというものだ。マッシュルームに集まったミュージシャンは感性が豊かで技術的にも非常に優秀なので、彼らにまかせっきりにしてしまえば自然と良質な音楽が生まれるのではないか、というアイデアによるもので、彼らの感性を信頼して自由に制作してもらうことにした。こういう音楽の作り方をしたのは日本ではマッシュルームが最初だろう。既存の枠組みから外れた優秀なミュージシャンが集まり音楽を生み出していく様子はとてもユニークだった。

制作方法もさることながら完成した作品も当時としては先鋭すぎたのだろうか、日本の音楽界はわれわれの音楽を「ニューミュージック」と名付け話題を呼んだがセールスはいまいちであった。徐々に規模が小さくなっていき、ついには村井邦彦の音楽出版社・アルファミュージックのオフィスの片隅でデスクひとつの会社となってしまった。

マッシュルーム・レーベル、風前の灯火である。あれこれと足掻いてみるものの結果がともなわず苦心を続けるなか、突然、奇跡が起きた。それは、コロムビアレコードから発売された大野真澄、堀内護、日高富明の三名で結成したグループ・ガロの歌った「学生街の喫茶店」の突然大ブレークである。シングルレコードのB面に収録されていたこの曲は売れに売れ、一九七三年春にはヒットチャートの一位に踊り上がり、そのまま七週連続の一位の座を譲らなかったガロは一躍大人気グループになった。売り上げは、なんと百万枚に近い。野球に例えると、九回裏二死からのさよなら逆転ホームランのような現象である。

一躍大人気グループになったガロのマネジメントは、田辺エージェンシーを設立した友人の田邊昭知に依頼した。

そういえば、司会やコメディアンとして活躍しているタモリも、アルファレコードが発掘し、田辺エージェンシーのマネジメントで人気を得たアーティストのひとりである。

一九七五年、面白いやつがいるというのを聞きつけた村井邦彦は新宿のバーに参じた。赤塚不二夫のところに居候中のタモリは、笑わせれば酒が飲めるというので張り切って芸を披露しており、それがすこぶる面白い。あまりにも面白いものだから、スタジオで酒を飲ませて芸をやってもらい、それをレコーディングして売ることにした。

『タモリ』という作品なのだが、これはいつ聞いても笑える。

小坂忠『ありがとう』のレコーディングにて。
左から細野晴臣、小坂忠、ひとりおいて著者。1971年5月。
撮影：野上眞宏

マッシュルーム・
レーベルのマーク

小坂忠『ありがとう』(1971)

ユーミンのプロデュース

一九七二年、村井邦彦がヤナセ自動車の社長・梁瀬《やなせ》次郎と親しくなり、なにか文化的な仕事をやりたいという梁瀬次郎とともに原版制作会社として〈アルファ&アソシエイツ〉を立ち上げた。

そのアルファ&アソシエイツで作詞・作曲家として契約していたのがユーミンこと、荒井由実だ。

彼女との今日に至るまでの長い付き合いはヘアーの公演準備中に始まった。ヘアーの出演者のひとりで、現在はプロデューサーとして活躍するシー・ユー・チェンがヘアーに出演したがっていた彼女を連れてきたのだ。ユーミンという呼び名を付けたのも彼である。当時まだ十五歳の少女であったため出演は断ったが、それでもリハーサル会場にはよく顔を出していたし、ヘアーが開幕してからもしょっちゅう楽屋に遊びに来ていた。

そんなユーミンがある日、自分で作詞作曲したというデモテープを持って現れた。それを聴いた瞬間、僕は驚きとともに「才能を見つけたぞ！」というたしかな手応えを感じ、村井邦彦もまたその才能に感銘を受け、作詞・作曲家としてのみならず、シンガーとしてアルバムを制作しようということになった。

こうして、日本のシンガーソングライターのアルバム第一号が誕生したのである。

村井邦彦は、編曲された譜面を演奏するだけの歌謡曲のスタジオミュージシャンではユーミンの魅力を引き出すことができないと判断し、細野晴臣率いるセッショングループ〈キャラメルママ〉と組み合わせることに決めた。

キャラメルママのメンバーは、ベース・細野晴臣、ドラム・林立夫、ギター・鈴木茂、キーボード・松任谷正隆、の四人で、のちに〈ティン・パン・アレー〉と名を変えて世に知られることになる。このメンバーに加え、コーラスとして山下達郎、大貫妙子、吉田美奈子、山本潤子が加わった。現在、右記のミュージシャンを全員集めて作品を創ることは不可能だというほどに豪華なメンバーだ。

一九七三年十一月二十日にリリースされたファーストアルバム『ひこうき雲』は素晴ら

しい作品に仕上がった。しかし、売り上げに関してはイマイチだ。三万枚という数字は新人のアルバムとしては悪くないが、投資を回収するにはほど遠いものだった。

荒井由実の二作目には、僕がプロデューサーとして参加した。アルバムタイトルの『MISSLIM』は、「やせっぽちの女の子」を意味する「MISS SLIM」という言葉をくっつけて作った造語だ。アルバムジャケットの写真はタンタンの家のピアノの前で、タンタンがドレスを着せて撮影したものだ。荒井由実自身がすべての楽曲の作詞・作曲を行ったこのアルバムは『ひこうき雲』を凌ぐ完成度であった。しかし、この作品の売り上げも三万枚程度に留まることになる。三枚目のアルバム『コバルトアワー』の発売を経て、一九七五年十月にリリースされたのが「あの日にかえりたい」というシングルだ。

冴えない売り上げをなんとかしなければならないという思いで、これまでとは異なるプロモーションを試みた。それがテレビ番組とのタイアップだ。当時、ドラマの主題歌は番組の予算内で制作されており、当然のことながら映像のほうに予算を割くために歌の制作費はわずかなものであった。そこで僕は、視聴率の高いドラマ班のスタッフに話を持ちかけた。

「ここに、二百万円という大金を費やして制作した楽曲がある。これをタダで使わせてやる代わりに、ドラマの始めと終わりにこの曲を流して、クレジットを入れてくれ」

こうしてめでたくＴＢＳのテレビドラマ『家庭の秘密』の主題歌に採用されることになった「あの日にかえりたい」は、本邦初のテレビドラマ・タイアップになった。「ゴールデンタイムに強制的に聴かせよう！」というこの作戦が功を奏し「あの日にかえりたい」は大ブレーク。荒井由実がこれまでにリリースした三枚のアルバムは、このシングルのヒットに連動して凄まじい勢いで売れ始めた。過去に発表した作品までもが一挙にヒットするという稀有な例である。投資分をあっという間に回収し、売り上げはとんでもないことになったのだ。

その後もユーミンは大活躍するけれど、アルファレコード時代に発表された初期の三作品『ひこうき雲』『ミスリム』『コバルトアワー』の仕上がりは格別だ。日本の音楽史に残る、永遠の傑作ではなかろうか。

荒井由実『MISSLIM』(1974)

荒井由実『COBALT HOUR』(1975)

ルネ・シマール「ミドリ色の屋根」

ルネ・シマールというカナダのモントリオール出身の十三歳の少年歌手のことも忘れられない出来事である。ＴＢＳの渡辺正文プロデューサーが企画した壮大な東京音楽祭は、アメリカを中心とする世界からの有名な歌手が出場し、視聴率二〇％を超える人気番組として一年に一度開催されていた。特に一九七四年開催の第三回東京音楽祭は、審査員長にアメリカ最高の歌手であるフランク・シナトラを招いて盛大に開催された。このときのコンペティションにエントリーした有名歌手を思い出すままに記すと、スリー・ディグリーズ、フレダ・ペインなどなど、錚々たる顔ぶれである。

村井邦彦から電話があり、「ナベさんがやっている東京音楽祭に僕たちも参加しようよ！　ついてはエントリーする歌手を探すのに外国の歌手の資料が送られてきているから、ショーちゃん、選んでみてくれない？」

「オッケー、やってみるよ」ということで、村井の事務所へ行き数時間かけて資料を漁っているなかで一枚のレコードが耳に止まった。

美しい声の少年のレコードである。

カナダのフランス語圏の都市、モントリオール市で発売されているレコードだということがわかり、さっそく村井とふたりでその会社に電話をしてみた。思い切りカナダ訛りのフランス語をしゃべる男が出てきた。ギイ・クルチエというその男はモントリオールの小さなレコード会社の社長で、ルネ・シマールはそこの所属歌手であるという。さっそく東京音楽祭の説明をして、ルネを参加させないかという話をし、こちらで曲を創り、そのカラオケテープを持っていくからモントリオールで録音しようとオファーすると、二つ返事で承諾した。

僕は村井に作曲してもらった「ミドリ色の屋根」という楽曲のバックトラックを持って一人で冬場の寒いカナダケベック州のモントリオールに赴き、歌を録音した。日本に帰って渡辺正文に会いにいった。

「ナベさん。この子の歌で音楽祭にエントリーするから、なにか賞をちょうだいよ」

「ダメダメ。今回はフランク・シナトラが審査員長で、すごい歌手たちが参加するイベントだから、こんな子供じゃ賞にかすりもしないよ」という冷たい返事である。

なんとかCBSソニー・レコードの当時の宣伝課長・稲垣博司の計らいでシングルの発売にはこぎつけた。音楽祭が始まり、歌手たちのパフォーマンスが終わり、入賞者の発表が始まった。案の定、ルネ・シマールの名前は出てこない。ところが、グランプリ大本命とされていたスリー・ディグリーズの名前が金賞で発表された。

僕たちも観客もグランプリの発表を固唾を飲んでいたら、なんとルネ・シマールの名前が発表されたのだ。観客も総立ちになって感動の新スターの誕生を祝った。あくる日からルネの「ミドリ色の屋根」のシングルは飛ぶように売れ、あっという間に百万枚を超える売り上げとなった。まさに一夜にして誕生した新スターである。このときルネのマネージャーをしていたのが、ルネ・アンジェリルというやはりカナダ人で、のちにセリーヌ・ディオンを発掘し、世界的な歌手へ育て上げ、彼女の伴侶となった男だった。

ルネはその後何度も来日し、日本全国でコンサートを行った。

山下達郎は特別なコーラス・グループを編成してこのコンサートに参加してくれた。

レノマとファッション写真

その後、渡辺正文には、一九七七年の第六回東京音楽祭の審査員編成でヨーロッパの有名人の編成を依頼され、当時大流行していたフランスのファッションブランド〈レノマ〉の宣伝写真撮影を兼ねてトップ・ファッション写真家のデヴィッド・ベイリー、そしてモデルとしてフランスの映画スター、ジェーン・バーキンとセルジュ・ゲンズブール夫妻およびレノマ夫妻を日本に招聘した。

このファッションブランド・レノマの広告写真企画は僕のアイデアで、モデルとして契約したフランスの俳優セルジュ・ゲンズブールにはタキシードを着てもらい、蝶ネクタイは結ばず足にはスニーカーというくだけたイメージで、かたわらに写るセクシーな女優ジェーン・バーキンは黒のシュミーズ・ドレスという各々退廃的な感じの衣装を着せた。

モデル契約は三年間とし、毎年当時のヨーロッパのトップ写真家に撮影してもらうという企画である。

初年度は英国のデヴィッド・ベイリー、二年目はドイツのヘルムート・ニュートン、三年目はフランスのギイ・ブルダンという豪華なキャスティングだ。

同じ衣装であるということは、写真家たちに伝え、あとは彼らの好きな場所で好きなポーズで写真を創って欲しい旨伝えた。

初年度と二年目の写真プロジェクトは、各々英国人とドイツ人という比較的マジメな国民性のプロらしく、あらかじめ渡してある予算内で撮影をしてスケジュールどおりに写真を送ってきてくれた。ところが三年目のギイ・ブルダンから期限になっても一向に写真が届かない。

しびれを切らして電話をすると、「いや、実は撮影はすんだのだけど、パリ郊外へ泊まりがけで行ってセルジュとジェーンと酒盛りをして高級シャンパンを飲みすぎて予算がなくなってしまったので追加のお金をくれないか？」

「ぜったいダメだ！　さっさと送ってくれないと告訴するぞ！」ということでなんとか写真を獲得した。

まったく手間のかかる写真家だった。

この企画で撮影された写真はそのころのトップ・ファッション誌に掲載されて評判を呼

び、レノマはブランド・イメージを確立して成功した。

話を戻そう。僕が連れてきたヨーロッパからの四名が審査員になったので、渡辺正文には入賞曲をどれにするか工作するようにと重々頼まれていた。僕は承諾するフリをして、彼らにはまったく伝えなかった。音楽祭の審査の結果、当然、渡辺正文の目論見からは大きく外れた。

音楽祭が終わり、渡辺正文からは「お前のところの審査員連中はどうなってるんだよ！おかげで入賞者の目論見がメチャメチャだよ！」と文句を言われたが、僕は困っている渡辺正文を見ながら、気の毒だけど、ひどく可笑しい気分だったのをおぼえている。

その夜、ヨーロッパから来た彼らを連れて、弟の光郎が作ったグルメ焼鳥屋〈南蛮亭〉へ行った。南蛮亭でハシャギはじめたジェーン・バーキンとデヴィッド・ベイリーのワイフでファッション誌ヴォーグのトップ・モデルのモリーがいきなり胸をはだけてオッパイの見せっこをした。二人の超美女のオッパイ競べに店の中のサラリーマンたちは騒然となり、立ち上がってハヤシ始めた。なにか不思議で楽しい思い出だ。

親しいファッション写真家、デヴィッド・ベイリーが
来日したときに撮ってくれた僕のスナップ写真。
写真：デヴィッド・ベイリー

アルファレコードは梁山泊

一九七七年に、村井邦彦が経営していた音楽出版社・アルファミュージックを前身として〈アルファレコード〉を設立した。〈マッシュルーム〉と〈アルファ&アソシエイツ〉の音源の発売権も同社に移行し、楽曲の制作のみならず、販売まで担うレコード会社として歩み始めた。村井邦彦に誘いを受けた僕もこの事業に参加することになった。

アルファレコードの様相は、さまざまな特技をもつ豪傑が参集した中国の古典小説、水滸伝に出てくる梁山泊のようだった。ビクター・レコードから移ってきたチーフ・エンジニアの吉沢典夫は、瀬戸宏征、小池光夫などを参加させ、村井がつくった素晴らしい〈スタジオA〉のために優れたエンジニア・チームを編成した。

一方、音楽制作の部門には学生時代に村井邦彦がコンサート・マスターをやっていた慶應ライト・ミュージック・ソサエティーからのOB、有賀恒夫、宮佐俊介を中心とする音楽経験豊かなディレクター陣が集まり、一方、宣伝販促チームは後藤順一をチーフとして、小尾一介、近藤雅信、住田幸彦、千装敏夫、室井幾世子などなどのハツラツとしたメンバーであった。

また、契約アーティストもほかのレコード会社では扱えない、しかし優秀なメンバーが集結した。すなわち、細野晴臣、坂本龍一、高橋幸宏、七色の美声の吉田美奈子、美しいコーラス・ユニット〈ハイ・ファイ・セット〉〈サーカス〉、超絶技巧のフュージョン・バンド〈カシオペア〉などなどである。こうして始まったアルファレコードは、そのユニークな都会的サウンドの音楽で次々と驚異的な大ヒットを生んでいった。

この始まったばかりのアルファレコードには、村井邦彦がパートナーにしていたヤナセ自動車やCMフィルム制作会社TCJから送り込まれた管理職畑の人たちがいた。僕は本来、制作担当取締役という管理職の立場だったが、むしろ制作の現場の仕事が好きで向いていた。

そこで、あらゆる企画の稟議書のハンコを押す作業はTCJから参加した課長にハンコを預けっぱなしにしてやってもらった。ところがこの課長は音楽制作の仕事は初めてで、内容がわからず次から次にくる書類に決裁印を押し続けた。おかげでアルファレコード初期の製作予算は膨れ上がってしまった。

アルファレコードでは、前述の如く米国のA&Mレコードの作品を販売していた。

そのころ、A&Mレコードはヨーロッパにも進出し、特に英国A&Mはニューウエーブ・ロックを売り出し、成功していた。そのニューウエーブの人気グループ〈ポリス〉がコンサートのために来日した。僕はフジテレビの疋田拓《ひきだたく》プロデューサーに頼み込み、人気音楽番組『夜のヒットスタジオ』にポリスの出演を取り付けた。疋田拓には、この番組は生演奏であるとのことを念を押されていた。

ところが、スタジオに来た三名のポリスのメンバーはほとんど楽器を持参せず、リードボーカルのスティングに至ってはベース弾きなのにサキソフォンをぶら下げて来るという始末である。したがって番組では仕方なくレコードを流し、ポリスのメンバーは鳴ってもいない楽器を振り回しながら踊っているという珍妙なパフォーマンスを繰り広げた。これはさすがにヤバイと思い、後の始末は後藤順一にまかせてスタジオからトンズラし、僕は帰宅した。

アルファレコード社是

アルファレコードができたときに、村井邦彦が突然僕に〈社是〉を作ろうと言い出した。

「社是ってなんだい？」とたずねると、「当社の経営コンセプトだよ！　わが社は音楽産業を通じて社会に貢献してどうのこうのというやつだよ」

「わからないからクニが作ってよ」

「オッケー」ということで、二、三日して村井邦彦が作ってきた社是は

一、犬も歩けば棒に当たる

一、毒も食らわば皿まで

一、駄目でもともと

というものだった。僕は大いに感心して大賛成をし、それを大きく紙に書いて会議室に貼り出した。

アルファレコードは山手線田町駅の裏側の改札を出てすぐの場所にあった。ヤナセ自動車が建てたこのビルには、全面にさまざまなイラストレーションが描かれている遊び心いっぱいの楽しい建物だった。五階には、村井が精魂込めたスタジオ、通称〈スタジオA〉が設えられた。スタジオの音楽機材はその時代の最新鋭のマルチ・チャンネル・システムで、スタジオ内装には木材を多用し、暖かみと同時に柔らかな音響を実現した。このスタジオからユーミン、YMO、サーカス、カシオペアなどの都会的アーティスト群のヒット曲が次々と生み出されていく。このとき制作された楽曲が、二十一世紀に「シティポップ」として世界的に評価されるとは思いもよらなかったが、優れたミュージシャンが自由に活躍できるよう、お金をかけて創った作品の価値はこれからもますます高まるだろう。

スタジオAにまつわるこんなエピソードがある。セッション・グループ〈ティン・パン・アレー〉とのレコーディングのための編曲作業について細野晴臣にたずねると、例のマジメな顔で「ティン・パン・アレーの四名でヘッドアレンジします」と。

「ヘッドアレンジってなに？」

「いわゆる編曲作業です」

「どこで？」

「もちろんスタジオですよ」という話なので任せていたところ、彼等はなんと一時間の使用料が四万円もする正式録音スタジオで四名集まって、そこで初めて楽曲の編曲の相談を始めるという途方もなく呑気なやり方であった。

おまけに担当ディレクターの有賀恒夫は、スタジオの調整室を陣取り、居眠り混じりにそれを見物しているという至極いい加減な風景である。有賀恒夫は背が低いので「ビーチ」と呼ばれていた。その頃のミュージシャンたちの間で流行っていた反対コトバの表現で、チビが「ビーチ」なのである。社長の村井邦彦は、普段の呑気な口調とは裏腹に短気な「瞬間湯沸かし器」である。このスタジオでのいい加減なのんびりした状態を知るや否や、秘書の江部智子に向かって言った。

「ビーチのスットコドッコイ！　社長室にすぐに来いと伝えろ！」

クールな江部智子はすぐに内線電話で有賀に電話。

「ビーチのスットコドッコイ！　社長室にすぐに来い！　……と申しております」と、そのまま伝えた話は伝説になった。

〈ハイ・ファイ・セット〉は、細野晴臣によって考案されたネーミングだ。これは、村井邦彦が育てたコーラスグループの〈赤い鳥〉がふたつのグループに分解し、山本潤子を中心とした三人組がアルファレコードに所属することになって結成されたコーラスグループの名前である。さっそくハイ・ファイ・セットのレコーディングが始まったが、ディレクターのビーチとメンバーたちはシンガーソングライターにこだわっており、出来上がってくる作品はすべてそこそこで、村井や僕にピンとくるものがない。要するに、シングル化して大ヒットする曲がないのだ。

そこで、彼らの希望を無視して、そのころのメキシコの曲を探し出し、歌謡曲ジャンルの天才作詞家・なかにし礼に作詞してもらい、それを録音するようビーチに命令した。メンバーとビーチは激しく抵抗していたが、強引に録音させた。メキシコの叙情的なメロディーとなかにし礼の独特な色気たっぷりな歌詞、そして山本潤子の澄んだ爽やかな高音の声が見事にマッチして、この「フィーリング」という曲はハイ・ファイ・セットのデビュー曲になった。

作品が出来上がったとき、村井と僕は社長室で視聴し、二人で顔を見合わせて足をひくつかせ「これは大ヒットだ！」と喜んだ。そのとおり、このハイ・ファイ・セットのデビューシングル「フィーリング」は百万枚を超すスマッシュヒット曲になった。

夢のようなキャスティングのフュージョン・ジャズ

一九七八年にはジャズ・フュージョンアルバム制作の一環として、日本のキーボード・プレイヤー深町純を中心としたアルバム創りのため、僕のアイデアで深町純を連れてふたりでニューヨークへ乗り込んだ。当時のニューヨークのトップ・ミュージシャンを多数キャスティングした夢のようなアルバム創りである。

ドラム：スティーヴ・ガッド、ピアノ：リチャード・ティー、ベース：ウィル・リー、ヴィブラフォン：マイク・マイニエッリ、ホーン・セクションはブレッカーブラザーズとデヴィッド・サンボーンなどのニューヨーク・オールスターである。

このニューヨークレコーディングでの忘れられない想い出がある。

サックスのデヴィッド・サンボーンは幼いころの小児麻痺でまっすぐサックスをくわえることができず、唇の端でくわえて吹くユニークなサックス奏者だった。彼に提供してもらったバラード曲の録音をすることになり、まずはサックスを抜いたバック・トラックを録音した。サンボーンのソロを入れる番になったのだが、肝心のサンボーンが見当たらない。皆で手分けして探したのだがどこにもいない。ところがピアニストのリチャード・ティーがこっそり僕を呼ぶのだ。「ショー。俺に心当たりがあるから、だまってついてこい！」と言う。

巨漢のティーについて行くと、なんとトイレに入っていった。アメリカのトイレは外から見ると足が見える。その足が見えるトイレのドアを怪力のティーが蹴破ると、そこに、なにかの麻薬で泡を吹いてくたばっているサンボーンがいた。そのサンボーンを、ティーがかついでスタジオに連れていった。そのまますぐに、一番メインのサンボーンのソロパートを録音することになったのだが、さすがに今の今までくたばっていたので、まずはバックトラックを流して練習をしようと言うと、なんとサンボーンは、いいから即録音しろとのことである。

言われるままにすぐ録音に入って驚いた！　見事に一発ＯＫの演奏だったのだ。

ドラムのスティーヴ・ガッドの逸話もある。

録音前に彼をスタジオに入れてマイク調整を行った。自由に叩いてもらって、ドラムのために何本かたててあるマイクの確認作業をしていたところ、不思議なカウベルという打楽器の音が入ってくる。これはきっと誰かが横でカウベルを叩いているに違いないとエンジニアとともにこっそりスタジオに入りスティーヴの様子を見に行くと驚いた。なんとスティーヴは右手に二本のスティックをはさんで持ち、タムタムのビートの隙間に目にも止まらないタイミングでカウベルを鳴らしていた。僕はエンジニアとともに「あいつはなんだ！　スーパーマンか？」と大いに感心した想い出がある。

このとき創られたアルバムは『オン・ザ・ムーブ』というアルバムで発売され、僕は参加したミュージシャンのなかから八名のミュージシャンのユニットを編成して彼らを日本に招聘してコンサートを行い、ライブアルバム『深町純&ニューヨーク・オールスター・ライヴ』を録音した。

この日本公演のライブアルバムには、その後伝説となったドラムのスティーヴ・ガッドの驚異的なドラムソロが録音されている。

このとき来日したニューヨーク・オールスターのメンバーでマイク・マイニエッリというヴィヴラフォンの名手には、当時僕がプロデュースしていた女性シンガー吉田美奈子のソロアルバム『モノクローム』に参加してもらった。吉田美奈子は三オクターブの音域の声を駆使する素晴らしい歌手である。そのアルバムのなかの「トルネード」という楽曲が気に入ったマイニエッリは、延々と演奏をやめなかったというエピソードがある。

深町純『深町純＆ニューヨーク・オールスター・ライヴ』(1978)

吉田美奈子『MONOCHROME』(1980)

YMOのプロジェクト

一九七八年、僕の企画事務所であるシロ・プランニングはキャンティの三階を拠点にしていた。

そのとき事務所で村井邦彦と話をしていると細野晴臣がやってきた。〈イエロー・マジック・オーケストラ〉という新しいプロジェクトを構想しているという。ニューミュージック系のセッションミュージシャンの親分である細野がオーケストラというのだから、僕たちはてっきり大勢のミュージシャンを集めて演奏するのだろうと想像した。

村井邦彦は「細野に全部任せる！」と言って細かいことは気にしていない様子だった。

数か月後、村井邦彦から電話が来た。電話口の村井はなにやら困ったような声音で「細野に任せた例のアルバムが完成したんだけど、ちょっと聞いてくれないかな」と言う。

さっそく村井の事務所へ赴くと、「これなんだよ」と彼がかけたテープから聞こえてきたのは「ピッ、ボッ、ブー」といった調子の奇妙な電子音だった。

あとでわかったことだが、あれはＹＭＯのファーストアルバム『イエロー・マジック・オーケストラ』に収録されたイントロダクションの電子音だったようだ。細野晴臣、坂本龍一、高橋幸宏というたった三名のメンバーで録音されたこのアルバムは、コンピューターを駆使して創られた。

誰も聞いたことのない、奇妙で前衛的な電子音から始まるインストゥルメンタルの音楽なのだから、放っておいても売れるはずがないことはわかっていた。細野晴臣は、当時からミュージシャンのあいだでは名を知られていたもののヒットアーティストとは呼べず、なにやら面白いことをやっているらしいと一部の音楽専門誌が取り上げたこともあるが、反響は皆無だった。

兎にも角にも打開策を見つけなければいけない。

ラジオは、どこの局でも扱ってもらえなかった。当時のラジオ局の番組編成では音楽はすべてジャンル分けされていたのだが、ＹＭＯの音楽はどれにも当てはまらず、またサウンドが奇抜すぎるということで断られてしまう。当時ＴＢＳで、飛ぶ鳥を落とす勢いの例の音楽番組プロデューサー・渡辺正文のところに持って行き、テレビに出してくれと頼んだが、「ショウタロウ、これは無理だよ。歌もねーし、こいつら別にいい男じゃねーし。

テレビでなにを撮ったらいいんだ？」と言う。プロモーションが成り立たず、案の定まったく売れる見込みのないまま時間が過ぎていく。

そんな状況で思いついたのが一九七八年十二月に新宿紀伊国屋ホールで催した〈アルファ・フュージョン・フェスティバル〉というイベントだ。当時、アメリカではフュージョン・ジャズという音楽ジャンルが流行り始めていた。アルファレコードには、ギタリストの渡辺香津美やカシオペアといったフュージョンミュージシャンが在籍していたし、アルファとディストリビューター契約していたアメリカの大手レーベル、A&Mレコードに協力を依頼すれば出演者には困らないだろう。それらのフュージョン・アーティストのあいだにジャンル不明のYMOを出演させて、なんとかプロモーションできないだろうかという苦し紛れの戦略を実行することにした。

米国のA&Mレコードからは、ニール・ラーセンという都会的なキーボード・プレイヤーの出演が決まった。アルファ・フュージョン・フェスティバルの当日、僕はニール・ラーセンのプロデューサーであるトミー・リピューマの滞在するホテルオークラへ、上等なシャンパンを幾本か持っていき、しこたま飲ませた。

トミー・リピューマはＡＯＲの大物プロデューサーであり、ニール・ラーセンのほかに、『ブリージン』で知られるジョージ・ベンソンやマイケル・フランクスといったアーティストの作品を手がけている。

半分酩酊状態で紀伊国屋ホールに到着したトミー・リピューマは、ＹＭＯの演奏が始まると、ノリノリだ。

「これはユニークで面白い！　アメリカでリリースしよう！」

なんて口走っている。おっ、と思ってさっそく村井邦彦に連絡。村井はすぐにＡ＆Ｍの会長であるジェリー・モスに電話して、「日本でトミーがこう言ってるから、アメリカでのリリース、よろしく頼むよ！」と勢いよく伝え、ジェリー・モスはなんだかよくわからないうちに「ＯＫ」と答えたらしい。

強引な交渉だな、とばかり思われてもいけないので、出来事の背景にあるＡ＆Ｍレコードとの信頼関係について記しておこう。

アルファレコード以前に代理店としてＡ＆Ｍと販売契約していたキングレコードは、人気アーティストのカーペンターズのほかにはレコードのヒットがなかった。そのキングレコードのあとにアルファレコードがディストリビューターになってからは、Ａ＆Ｍの作品が本邦で次々にヒットすることになる。

Ａ＆Ｍレコードの会長であるハーブ・アルパートの「ライズ」というトランペット作品は、当時博報堂の敏腕ＡＤであった村口伸一のアイデアで、キリン・シーグラム・ロバートブラウンのテレビコマーシャルの音楽に採用され、音楽が鳴るなか、コップは揺れていないのに中のウイスキーだけがゆっくりと優雅に揺れている斬新な映像で大成功した。また、クインシー・ジョーンズの「愛のコリーダ」という楽曲は、ディスコへのプロモーションで大ヒットさせた。

後日アメリカのＡ＆Ｍ本社に赴いたとき、クインシー・ジョーンズとハーブ・アルパートから「日本のアルファと契約してよかった。なかなかやるな！」と大いに感謝された。

ＹＭＯグリークシアター成功の舞台裏で

こういう経緯があって村井は強気の交渉を持ちかけたのだ。

アメリカに帰ったトミー・リピューマは、酒の酔いも覚め果てて頭を抱えていたらしい。オフィスのスピーカーでＹＭＯの音源を聴きながら「いったいこれをどうやって売れというのだ！」と。そこへたまたま〈チューブス〉という人気ロックバンドのマネージャーがやってきて、聞こえてくる音に興味を示してきた。トミーから日本のユニークなバンドだと説明を受けるとますます気に入った様子で「今年の夏に行うチューブスの三夜連続コンサートに出演させたい！」と言う。トミーから僕に連絡が入り、僕は村井と相談した。費用はアルファ持ちという話である。メンバーとスタッフのみならず、大掛かりな機材をすべてアメリカまで運ぶのだから、多くの予算を必要とする。

アルファレコードの社運を賭けるプロジェクトになった。もっともアルファはその後も社運を賭けた（？）プロジェクトを連発することになるのだが。

村井は、大きなリスクを承知したうえでこれをチャンスだと受け止め、チューブスのコンサートへの出演を決断した。


ライブ・ツアーの事前の打ち合わせで僕がメンバーに提案したのは、アメリカ人が日本人に対して抱いている典型的なイメージを逆手にとって日本のアイデンティティとして表現しようというものであった。日本人は無口で無表情だと思われているのだから「曲間に拍手をもらってもニコリともせず、お辞儀もせず、無表情のまま怒涛の如く演奏を続けよう」と言った。メンバーは「そりゃ楽でいいですね」などと言っていた。また、学生服やサラリーマンの画一的なユニフォーム姿に象徴されるように、制服を着用するイメージをもっているだろう、と考えたので、ファッションセンスのある高橋幸宏に相談してユニフォームを作ってもらうことにした。

高橋幸宏がデザインしたのは、真っ赤な人民服のような衣装だった。サポートミュージシャンとして参加する渡辺香津美と矢野顕子、そしてステージ上の視覚効果も狙って設置したコンピューターのプログラマー・松武秀樹は、黒い制服のようなものを着て出演することになった。また、ファーストアルバム『イエロー・マジック・オーケストラ』の米国盤は、チューブスのコンサート開催前にリリースされることになった。

このような流れのなかで、ＹＭＯ一行は八千人を収容する大型コンサート会場、ロサンゼルスのグリークシアターに到着した。

アメリカでは、メインアクトの演奏をより印象付けて聴かせるために、メインアクトが登場するまでは演奏ボリュームをしぼるということが慣習的に行われているのだが、ＹＭＯのようなインストゥルメンタル・グループの舞台でこれをやられては致命的だ。そこで、舞台監督のマット・リーチに千ドルの賄賂を握らせて、さらに「わざわざ日本から来た、ジェリー・モス肝いりのバンドなんだ。しっかり音を出さないと、ジェリー・モスが怒るぞ！　ショウ・ビジネス界に出入りできなくなるぞ！」と念を押した。


そしていよいよＹＭＯの演奏が始まると、なんと一曲目から大喝采のスタンディングオベーション。会場の熱気は三曲目あたりでピークに達し、そのまま最後の曲まで盛り上がり続けた。非の打ちどころのない大成功であった。

ロサンゼルスの夏の野外コンサートで集まる観客のほとんどは、マリファナか酒での酩酊状態であり、東京でのトミー・リピューマと同じ状態だったのだろう。

現地には日本から音楽専門誌約十社の記者を連れていった。「Ａ＆Ｍのスター・アーティストをインタビューできるぞ！」と伝えていたのだが、それを目的に参加した彼らも、ＹＭＯの熱狂を目前にしてそれどころではなくなったのだろうか「日の丸ガンバレ」気分で一斉にＹＭＯの記事を書き日本に送った。二日目と三日目には急遽ビデオ撮影班を編成し、記録した映像を日本に持ち帰らせた。それをさっそく村井邦彦がＮＨＫに売り込むと、日本人が大活躍しているという明るいニュースに喜んだ。ＮＨＫは十五分ほどの特集放送をした。ＮＨＫの夕方のニュース番組は視聴率が二十％を超える。つまり二千万人超の人々がこのＹＭＯの映像を観ることになったのだ。

これが日本中にＹＭＯブームをまき起すことになった。

グリークシアターでのライブが終わって、ＹＭＯ一行はアメリカ各地でのライブ・ハウスでのプロモーション・ツアーを行った。

僕はその途中、日本でのアルバムの販売状況を確認するために東京の村井邦彦に電話をかけた。村井は例によって至極呑気な間延びした口調で「なんか知らないけどライブのテレビ放映効果で売れ始めちゃってるみたいだよ。デイリー・セールが五桁だってさ！」

「ふーん……そうなんだ」

ツアーで疲れていたためか、具体的な数字をイメージせずに聞き流していたのだが、冷静に考えると、一日五桁というのはとんでもない数字である。

日本では空前のＹＭＯブームが起きていたのだ。

そんなことは露知らぬまま、アメリカのドサ回りを終えた僕たちは日本に帰国した。成田空港のゲートを抜けると、たくさんのカメラのフラッシュが焚かれている。誰を撮影しているのかと後ろを振り返るも、そこには誰もいない。それでようやくわれわれＹＭＯ一行を撮っているのだと気がついた。訳わからずに疲れた様子のまま記者会見場に連れていかれたＹＭＯのメンバーと別れ、ヘトヘトに疲れきった僕は一目散に家路を目指した。

結成初期のYMOの3人と著者。写真：鋤田正義

YMOの2回目のワールドツアーの楽屋にて。

YMOの世界ツアー

街の中では、閉店間際のパチンコ屋から、YMOの楽曲「ライディーン」が聞こえてきたという。追い出し音楽が軍艦マーチからYMOの楽曲に代わっていることを知った村井邦彦は、「これは大当たりだ」と強く実感したらしい。

これまでは見向きもしなかったテレビ局も、こぞってYMOの出演を依頼してくる。当時一番の人気音楽番組、フジテレビの『夜のヒットスタジオ』のプロデューサーである疋田拓に同番組へのYMOの出演を依頼されたときには、僕は、「特設スタジオを用意して最低十二分演奏させてくれ」と伝えた。収録当日、YMOが演奏するときだけは特設スタジオへカメラを切り替え、司会の芳村真理と井上順もそちらへ移動してインタビューを行った。いわば「外タレ」のような特別扱いだ。

セカンドアルバム『ソリッド・ステイト・サヴァイヴァー』は、ファーストアルバムを上回るセールスを記録した。

一九八〇年には、CBSソニーが社運を賭けた大企画として山口百恵の引退プロジェクトを敢行し、総売上四十五億円を叩き出したが、同年のYMOの売り上げは、それを超える五十二億円で、その年のレコード大賞にてベストアルバム賞を受賞した。

その翌年、YMOは初の世界ツアーをやり遂げ、国内外においてその人気を確実なものとした。

こんなエピソードもある。二度目の世界ツアーでは、僕は一人でヨーロッパとアメリカへ出向き、すべての事前セッティングを行った。そのときの飛行機代について、「ファースト・クラスに乗るのは贅沢ではないか」との意見が出たとき、村井邦彦は、「いいじゃない！　一番エライい人物は動かないで待っている。次にエライのは自家用ジェットで旅をする。その次がファースト・クラスなんだよ！　ショーちゃんは一人ですべてのセッティングを行うんだから、ファースト・クラスでも安いもんだよ」と不思議な理屈で僕の旅をサポートしてくれた。

僕は調子に乗り、ロンドンからニューヨークへ移動する際、当時話題だった超音速旅客機・コンコルドに乗ってみた。しかしコンコルドの機内は狭く、小さな席の乗り心地は悪くて閉口したおぼえがある。

出発を目前に、坂本龍一は二度目の世界ツアー行きを渋っていた。前回のツアーでの疲労困憊を大きな負担だと感じていたようだ。まさかツアーを中止にするわけにもいかず、僕は半ば叱りつけるようにして坂本龍一を説得した。

「ツアーが終わったあと、ソロアルバムを制作しよう」と提案し、ようやく坂本はツアーへの参加を承知した。

事前のセッティングを無事に終え、ＹＭＯ一行は二度目の世界ツアーに出発した。

最初はロンドン公演である。

当時、英国で流行していたニューウエーブのアーティストが多数訪れ、日本から来たＹＭＯに熱狂した。顔にメイクアップを施したアーティストたちが詰めかけた楽屋は、まるでおばけ屋敷のようだった。

フランスではプロモーションのためにテレビに出演した。

テレビの司会者が細野晴臣にフランス語でなにやらインタビューの質問をした。フランス語がチンプンカンプンの細野は大マジメな顔で、

「さるそば食べたい」

本当はチンプンカンプンの司会者もマジメな顔でフランス語の質問を続ける。

「こんどは天プラそば食べたい」

この珍問答を舞台袖で眺めていた僕は、腹を抱えて大笑いした。

ロサンゼルスでは、Ａ＆Ｍのスタジオで特別公演を行うことになった。Ａ＆Ｍ会長のハーブ・アルパートが司会を担当し、招待客として人気ユニット、カーペンターズのカレン・カーペンターやブッカー・Ｔ・ジョーンズ、セルジオ・メンデスなどのハリウッドのセレブリティを大勢招いた。

この特別ライブの様子を生中継で放映してもらえないかとフジテレビの疋田プロデューサーに相談し、日本で初めて、音楽の衛星生中継を実現させた。

金曜日の二十二時にスタートするコンサートは、日本時間だと土曜日の十四時に放映される。土曜の昼間にテレビを見ている人は少なく、普段の視聴率はせいぜい三％ぐらいだろう。しかし、ＹＭＯは十二％という驚異的な視聴率を叩き出し、フジテレビも大いに喜んだ。


世界ツアーが成功のうちに終わったあと、坂本龍一との約束を果たすため、彼と二人でロンドンへ向かった。ソロアルバムを録音するためである。

坂本龍一はひたすらスタジオにこもり『Ｂ‐２ユニット』というユニークで難解なアルバムを創りあげた。アルバムのジャケット写真は例の写真家デヴィッド・ベイリーが撮影した。デヴィッド・ベイリーは坂本龍一の爪にマニキュアを塗り、顔にメークアップを施し、独特なイメージを創りあげた。

驚異的な売上を記録したＹＭＯのセカンドアルバム『ソリッド・ステイト・サヴァイヴァー』に収録された坂本龍一作曲の「ビハインド・ザ・マスク」は、クインシー・ジョーンズのプロデュースによりマイケル・ジャクソンがカバーした。

しかし坂本龍一は、この作品の発表を承諾しなかった。このカバー曲が収録される予定であったマイケル・ジャクソンのアルバム『スリラー』は、レコードアルバム史上最高の五千万枚を売り上げるメガヒット作品となった。

マイケル・ジャクソンのカバーした「ビハインド・ザ・マスク」は、マイケルの亡くなったあと、二〇一〇年に発表されている。

細野晴臣は相変わらず独特の飄々としたペースでユニークなソロアルバムを創り続けて

いる。

高橋幸宏は積極的にライブ活動を行い、ワールド・ハピネスなどのスケールの大きいイベントを主催している。

坂本龍一は、大島渚監督の映画『戦場のメリークリスマス』の音楽を創り、俳優としても主演した。そして、ハリウッド映画『ラスト・エンペラー』の音楽でアカデミー作曲賞を受賞した最初の日本人作曲家になり、一躍世界的アーティストとして認知された。

ＹＭＯは東京的なアイデンティティをもつミュージシャングループだ。彼らは混沌とした、しかし刺激的な当時の〈ＴＯＫＩＯ〉をバランス良く刺激的に表現した音楽を創り出し、ひとつの社会現象を巻き起こしたことは間違いない。

そんなＹＭＯと一緒に音楽の冒険を続けていたら、いつのまにか八〇年代も半ばにさしかかり、「五年くらいを目安に」という約束で仕事をしていた僕はアルファレコードを退いた。

その数年後、社長の村井邦彦もアルファレコードから身を引いた。まるでその後のレコード産業の衰退を予感していたような行動である。

村井邦彦はロサンゼルスに移住し、時折日本に帰国してコンサートを行い、精力的に作曲活動を続けている。

タンタンが亡くなってから十年後、一九八四年には西麻布キャンティが開店した。当時、空間プロデュースを始めた元ヘアーの出演者シー・ユー・チェンの紹介でニューヨークのトロンプロイユ（「だまし絵」の意）という壁画を描くアーティストを東京に招き、イタリアのフローレンスをモチーフにした色彩豊かな画を描かせた。このあたたかい壁画は店によくマッチしており、三十五年を経た現在でも新鮮な状態で西麻布店に残っている。その他の床のデザイン、店のインテリアや照明は僕がまとめた。

YMO『YELLOW MAGIC ORCHESTRA』(US盤)(1979)

坂本龍一
『B-2ユニット』(1980)

YMO『パブリック・
プレッシャー』(1980)

タモリ『タモリ』(1977)

雪村いづみ『super
generation』(1974)

バブル経済と空間プロデュース

八〇年代後半、日本ではバブル経済が始まり、芝浦にできたディスコ〈ジュリアナ〉ではミニスカートを履いた元気な女の子たちが奇天烈な扇子を振り回して踊り狂っていた。

激動の六〇年代（ヴァイオレント・シックスティー）、静かな七〇年代（クワイエット・セブンティー）と言われているが、八〇年代はどんな時代だったのだろう。

日本ではさまざまなコンピューター機器が開発され、世界の先端をはしり、バブル経済に向けてまっしぐらに歩み始めた。敗戦の鬱屈した気分からようやく日本人が自信を取り戻して元気になった時代である。

そんな好景気を背景に、たくさんの外国企業が日本に進出してきた。そこに目をつけた僕は、日本に赴任してくる外国人スタッフに家具を貸す会社を創った。このインターフォームというレンタル会社は、日本有数のイタリア家具メーカー・アルフレックス・

ジャパンの社長、保科正とともに立ち上げ成功した。会社で家具を購入すると資産勘定になるが、レンタルだと経費で落とせる。二〜五年の滞在、数年で不要になるのだから、レンタルのほうが合理的。

同時にインテリア・デザイン、店舗プランニングもやった。そして同時に空間プロデュースにも取り組むことになる。空間プロデュースという仕事には、これまで世界中を旅してきて好奇心の赴くままにいろいろな美しいものを見たり、それを作り出した人たちに出会ってきたことがとても活きた。

空間プロデュースの原点として、一九七四年に、僕は六本木に会員制ディスコ・クラブ「キャステル」をプロデュースしている。「キャステル」はフランス・パリにある会員制クラブで、レコードで客を踊らせる世界初のディスコである。僕がパリにいたときにそのクラブに行き、オーナーのジャン・キャステルと親しくなった。僕はジャンに交渉してキャステル東京を創った。このキャステル東京は大成功した。そのプロジェクトで僕のアシスタントをしてくれたフランス語が堪能な青年の岡田大貳《だいに》はキャステル東京のマネージャーとして活躍した。岡田大貳はその後独立し、モダン・チャイニーズレストラン「ダイニズテーブル」などを次々に開発、東京の夜を創った男として大成功をおさめた。

インターフォーム経営時代に忘れられない想い出がある。

この時代のスーパースター、マイケル・ジャクソンが来日することになった。彼の宿泊先に予定されていたキャピトル東急ホテルのゼネラル・マネージャーから連絡が来て、急いで会いたいとのことである。なんでも、マイケルのツアー・マネージャーがホテルの下見に来て、マイケルが泊まる予定のスイートルームが地味で気に入らず、キャンセルされそうなのでなんとかならないか、とのことであった。

そこで僕はさっそく、さまざまな高級家具を手配し、特に床に敷く絨毯は高級なペルシャ絨毯店に掛け合い、売値が六千万円の絨毯をマイケルが気に入れば買うかもしれないと伝え、借り出すことに成功した。その甲斐あって、マイケル・ジャクソンはキャピトル東急に宿泊することが決まった。来日したマイケルに挨拶しようと部屋に行くと、苦労して手配したペルシャ絨毯の上にベニヤ板が敷いてあった。

マイケルは甲高い声で「素敵な家具を用意してくれてありがとう。ところで、僕はタップの練習をするので板を置いちゃった！」

大いに拍子抜けしたことをおぼえている。

一九八〇年代末、時代は昭和から平成に移ろうとしていた。そのころの日本はバブル景気の最中で、土地の価格が急上昇して日本中が浮かれていた。僕の友人たちの何人かはゴルフ場の開発をやっていた。

幼馴染の羽根田公男（キーちゃん）はバブル経済の時代にサザレ・グループを設立し、銀行から一千億円近くの融資を引き出し、さまざまな事業を展開した。目尻の下った柔和な顔からは想像もできない思い切った事業展開である。このころ、僕は彼に依頼され、一緒に世界を旅しながら彼の事業を手伝った。

たとえば、彼が買収した当時世界一のホテルであるロサンゼルスのホテル、ベル・エア、南仏のニースの岬に建てられた豪華でおしゃれなホテル、ド・キャップ・フェラの下見などである。そして彼が日本に建設したいくつかのゴルフ場つきのホテルでのゴルフコンペ企画にも参加した。

サザレ・グループのために演出した当時のアメリカの一流エンターテイナーのショウは、思い出すままに挙げると、ポール・アンカ、レイ・チャールズ、シャーリー・バッシーなどである。ポール・アンカとは彼が作詞して僕と村井が日本での出版権を獲得した「マイ・ウェイ」の話で盛り上がり、演出がスムーズに進んだ。

空間プロデューサーをしていた90年代の写真。
写真：大沢尚芳

ロンドンでの大手術

また、僕は羽根田公男の弟の羽根田知也が作り始めたゴルフ場の開発を手伝うことになった。そのゴルフ場の会員募集のパンフレットに登場する英国人ゴルファー、サンディ・ライルの写真を撮影するために、冬の寒い時期のロンドンへ出かけた。そのロンドンのドーチェスター・ホテルで、夕方にいきなり心筋梗塞の発作に襲われたのだ。

救急病院に入れられ、モルヒネを打たれて寝込んでから二日ほど経て、日本から、当時の妻の風吹ジュンがロンドンに飛んできた。英国の法律で妻のサインがないと手術ができないのだ。手術の承諾書のサインが終了するとともに、ただちに手術室に移された。十時間に及ぶ手術は成功した。

心臓発作を発症してモルヒネを打たれ、担ぎ込まれた病院で妻の風吹ジュンが来るのを待っていた僕にとって、忘れられない想い出がある。

ロンドンの僕が親しいファッション写真家、デヴィッド・ベイリーは、そのころ、イギリス・ヴォーグ、フランス・ヴォーグ、イタリア・ヴォーグのファッション写真を創る第一級の写真家として多忙を極めていた。ちなみに彼は、ミケランジェロ・アントニオーニ監督の映画『欲望』のモデルであり、フランスの名女優カトリーヌ・ドヌーヴの最初の夫でもある。僕はそのデヴィッド・ベイリーに、羽根田知也のゴルフ場のパンフレット用の写真撮影を依頼しようとしたが、自分のタイプの写真ではないとやんわり断られた。ところが、僕が心筋梗塞を発症し緊急入院してモルヒネを打たれてウトウト眠り込んでいたとき、ふと目覚めるとベイリーが目の前にいた。彼は目覚めた僕に向かってニコリと笑い、「病院のベッドに寝ているのは辛いもんだよな」と言った。あとで思い返すと、彼は僕がいつ目覚めるかわからないのにずっと座って待っていてくれたのだ。彼のあたたかい友情を感じて胸が熱くなった。

僕の心臓バイパスの手術を執刀したのは、ドクター・リンカーンという、当時世界でも三本の指に入るという名医だった。奇跡的にその名医の手術を受けられたのは、ドーチェスター・ホテルというロンドンの一流ホテルに宿泊していたことによる。階級社会のイギリスでは、一流ホテルに宿泊していると、このような急病のときでも一流病院に運ばれ、一流の医者にかかることができる。ドクター・リンカーンは僕の心臓の三本の冠動脈のバイパスを行い、ついでに血管の細い部分の二本のバイパスまで行ってくれた。その十時間に及ぶ手術で体重を一気に九キログラムも失ったのには驚いた。

ロンドンでの手術は非常に幸運だったらしい。日本に帰国してからチェックのために行った済生会中央病院の心臓内科の医者に、「川添さん！　あなたは非常に幸運ですね！この病気を今の日本で発症していたら一二〇％亡くなっていますよ」「先生、死ぬのは一〇〇％で充分ですよ」という可笑しな会話をしたことをおぼえている。


手術後、案外短く、二週間ほどの入院の後、ドーチェスター・ホテルに戻りしばらくリハビリをすることになった。そのドーチェスター・ホテルでは不思議な出会いがあった。

僕がリハビリのために滞在していた三階のフロアに僕ともうひとりの客以外、宿泊客がひとりもいなかったのだ。その理由は、そのもうひとりの客というのが僕より一週間ほど前に、やはり心臓病で倒れた人物で、なんと中東のバーレーンという産油国の首相であるアルカジャフという人物だった。彼の要望で、ホテルはそのフロアに同じ心臓手術後のリハビリをしている僕以外の客は置かなかったらしい。

リハビリのためにホテルの廊下を妻の風吹ジュンの肩につかまって散歩をしているうちに、同じく散歩をしているアルカジャフに出会い親しく会話をするようになった。「同病相憐れむ」の言葉どおり仲良くなり、日本へチャーター機を送るからバーレーンに来ないかと誘われたりした。

砂漠の国へ行くのは気が進まず、とうとう行かなかった。

このとき、僕のそばで看病してくれた妻の風吹ジュンとのあいだには、安季子と智史という二人の子がいる。

ロンドンでの一か月ほどのリハビリのあと、僕は妻とともに日本に帰国した。帰国した僕にはまたもや幸運なことが待っていた。実は出発前の空港で、気まぐれに何気なく掛け捨ての保険金額一億円の旅行保険に入っていたのだ。おかげでロンドンまでのファースト・クラスの旅費、妻の旅費、病院の手術費を含むすべての経費、リハビリのホテル滞在費等々、すべての経費が保険でカバーできたのだ。なんのことはない。まるでロンドンへ無料で心臓手術をしに行ったような幸運であった。

その後、再び軽い心筋コーソクを患い、脳コーソクも二度やり、おまけに大麻事件で二度の身柄コーソクをされたので、「オレは三大コーソク男だ!」とヤセ我慢でうそぶいていたら、友人のミッキー・カーチスやかまやつひろしに「お前、無駄なことやっててんじゃねーよ」と叱られ、たしなめられた。

イメルダ・マルコスのオファー

このころの不思議な想い出がある。綜合舞台社長の西尾栄男に、ジャド・ベルリンというプロデューサーを紹介された。

ジャド・ベルリンはフィリピン在住でマニラの貧民地帯であるスモーキー・マウンテン出身の少年少女4名で構成されたグループのレコードで大成功をした男である。

僕はギリシャ人のキーボード・プレイヤー、ヤニーの日本招聘に興味があり、ヤニーのマニラ・コンサートに行くついでにジャド・ベルリンに会うことにした。ジャドはぜひこの機会に元大統領夫人イメルダ・マルコスに会ってほしいという。

彼に連れられてレイテ島に赴いた。

レイテ島は第二次世界大戦のとき、日本軍とアメリカ軍が死闘を演じた場所である。

フィリピンのマルコス大統領は、一九八六年のフィリピン民衆革命で失脚し、失意のなかで亡くなったが、イメルダは幼少期を過ごしたレイテ島に戻り、豪華な生活をしている。イメルダの有名なエピソードは、革命のときに宮殿になだれ込んだ民衆がイメルダの所有する数千足の靴を発見し、驚き呆れ果てた話である。

ジャドに紹介されて会ったイメルダはすこぶる元気で、レイテ島の知事選挙に出馬し、選挙運動の真っ最中であった。彼女がなぜ僕に会いたがっていたのか、その理由をたずねると、なんと自分の生涯をテーマにしたミュージカルを創らないか、ということである。アルゼンチン大統領夫人で民衆に慕われミュージカル化された『エビータ』をイメージしているようであった。そういえば、イメルダは歌がすこぶる上手で、フィリピンの名曲『ダヒルサヨ』を歌いまくっていた。僕はエネルギッシュな彼女の話を聞いたが、東京に帰ってからしばらくして忘れてしまった。

一九九〇年代前半は空間プロデュースの仕事が大変忙しい時期だった。

空間プロデュースとは、簡単にいうとインテリア・デザインのことである。ただし、インテリア・デザインにとどまらず、店を創るときには店名から照明デザイン、提供するメニューの企画、ＰＲに至るまで総合的に店舗企画をする仕事であった。

その一環で、イベント性の高い期間限定ビア・レストランのプロデュースにも取り組んだ。まず最初は、日産の画期的な乗用車「Be-1」等をデザインした天才コンセプター・坂井直樹が開発したサントリー・ビールの新商品『ジアス』の情報発信のためのビア・レストラン創りを彼とやり、大きな評判を呼んだ。

その翌年には、ハーブ・アルパートの「ライズ」ヒットに関わっていた博報堂の敏腕部長・村口伸一が企画した後楽園にて開催するキリンビールの期間限定ビア・レストランのプロデュースを行い、二年連続でフラメンコ舞踊を取り入れたビア・レストランを創った。

この企画では、懐かしいスペインのマドリッドへ村口伸一とともに赴き、昔のフラメンコ仲間の協力で素晴らしい舞踊団を編成した。

この期間限定イベントは村口伸一の巧みなPR作戦のおかげでサントリーのプロジェクトをしのぐ大ヒットとなった。

村口伸一はその後、博報堂の専務取締役まで昇進した。

このようなイベント・プロデュースで忙しい日々を送っていた一九九五年三月に、オウム真理教の麻原彰晃による地下鉄サリン事件が起き、大勢の人々が犠牲になった。そのころの妻の明子（アッコちゃん）が妙に軽く「あれあれ、いい迷惑！」とつぶやいていたのが印象に残っている。

この僕の四番目の妻・明子には次男の太嗣《ひろつぐ》が生まれた。

尾崎豊との約束

そのころの忘れられない出来事がある。明子の友人で、尾崎豊という青年がいた。彼は当時熱狂的なファンをもつ歌手であった。そんな彼と明子と僕の三人でキャンティで食事をしているときに、突然彼からレコードのプロデュースを頼まれた。しかし、ビア・レストランの企画が忙しく、全面的な協力は困難だ。そこで、アルバムのコンセプトを提供することにした。

そして、人気ギタリスト、エディ・マルチネスをはじめとする世界のトップクラスのミュージシャンに加え、ブルース・スプリングスティーンやボン・ジョヴィのレコーディングを手がけたラリー・アレクサンダーをエンジニアとして、尾崎豊のアルバム制作に参加させた。

アルバムが出来上がったとき、尾崎豊から「プロデューサーとしてアルバムにクレジットしたい」との申し出があったものの、コンセプトを立ててミュージシャンをブッキングしただけなので、クレジットを断った。一九九〇年、『誕生』というタイトルで発売されたアルバムには、僕の名前がスペシャル・サンクスとして載っているはずだ。ブッキングしたミュージシャンと尾崎が衝突した際は、ミュージシャンを集めて「プロなら尾崎の言うことを聞け！」と英語で叱責し、尾崎には「これだけのミュージシャンを集めるのがどれだけ大変かわかっているのか！」と叱りつけた。

アルバム発売後、尾崎から「マネジメントも含めプロデュースのすべてやってもらえないでしょうか」と真剣に頼まれ、「ビア・レストランの企画が終われば余裕ができるから、一緒に音楽をやろう」と約束をした。

一九九二年四月二十四日、〈キリンラガー・エスパーニャ〉がオープンした。当日のパーティーには尾崎豊も祝いに来てくれた。

忙しいパーティー会場で再びプロデューサーを依頼され約束して別れた。

翌日の早朝、他人の庭で傷だらけで倒れている尾崎が発見された。

自宅近くの病院に運び込まれたが、命に関わるものではないといったんは帰宅したらしい。

しかし、十時ごろになって容体が急変、呼吸が止まっているのに気がついた家族が通報し、救急搬送先の日本医科大学付属病院で正午ごろに亡くなったという。死因は覚醒剤による肺水腫だそうだ。

素晴らしい才能をもつ、礼儀正しい青年であった。プロデュースとマネジメントを約束しておきながら、それを叶えてやれなかったことが今でも心残りだ。

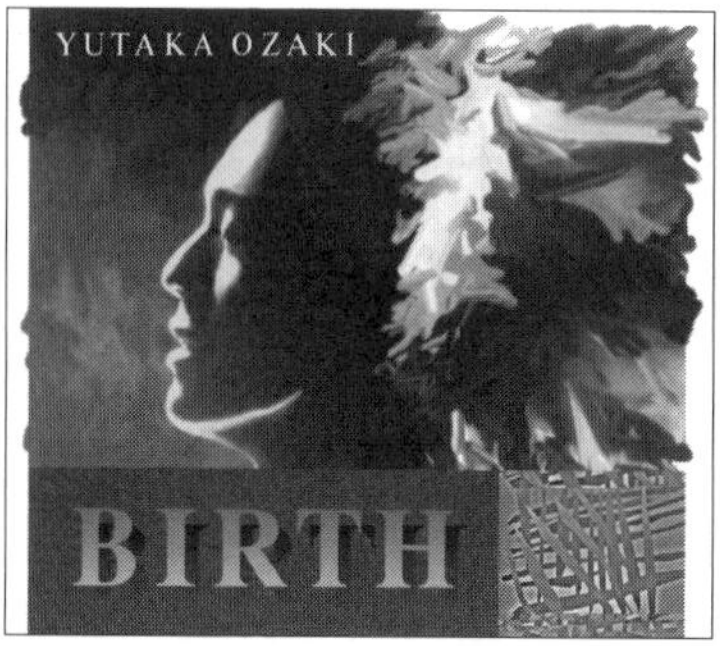

尾崎豊『誕生』(1990)

ミューズだったティナ・ラッツ

尾崎豊の話で思い出したことがある。ヘアーの時代の僕の恋人、ティナ・ラッツのことだ。彼女は姉のバニー・ラッツとともに当時の資生堂のトップモデルだった。

僕と別れてからティナはマイケル・チャウというロンドンの有名なチャイニーズレストラン〈ミスター・チャウ〉のオーナーと結婚し、マイケルがハリウッドやニューヨークにもミスター・チャウをオープンし、彼女の利発でキュートな性格も相まって世界的なセレブリティになった。アンディ・ウォーホルやヘルムート・ニュートンは彼女をモデルに作品を創った。

彼女はしばしば東京を訪れた。あるときはそのころの恋人だったリチャード・ギアとともにやってきた。その度に僕と会って一緒に楽しく食事をしたりした。

ある年、彼女は突然発病した。

僕は彼女を病院へ送り込み、彼女はしばらくして病状が落ち着きアメリカへ帰った。数日して彼女から僕に電話があり、「ショー。東京ではいろいろありがとう。実はアメリカに帰って精密検査をしたら、エイズにかかっていることがわかったのよ」と、明るい声で告げた。

僕は呆然と言葉を失った。当時はエイズの治療薬はなかった。

その後しばらくして、一九九二年に彼女は四十一歳の若さで亡くなり、リチャード・ギアは彼女の物語を映画化した。

ティナ・ラッツと著者。1969年。

五人の妻たち

ここで、僕の結婚歴について書いておこう。最初の妻についてはすでに書いた。

●陽子（A）

僕の二番目の妻は「陽子」という名だ。

なぜ（A）と書いたかというと現在の五番目の妻も同じ字の陽子だからだ。

陽子は慶應義塾大学の学生時代にキャンティに来るようになった。黒い大きな瞳の女の子でフランス語が話せた。いつの間にか僕とつきあうことになり彼女の利発さにひかれて結婚することにした。

「結婚しない？」と僕。

「エッ、そうなんだ！」

という簡単なプロポーズだった。

結婚式は山中湖の教会で竹山公士《きみお》にベストマンになってもらい行った。そのころの僕は英国の写真家デヴィッド・ベイリーを起用したコマーシャル・フィルムのプロジェクトや音楽家・深町純のアメリカのミュージシャンとの録音企画でロンドンやニューヨークへ出かけることが多く、その度に陽子も同道した。パリのアパレル・ブランド「レノマ」の化粧品をライセンスで創ることになり、このレノマ・コスメティックの新商品のネーミングはフランス語が堪能な陽子が行った。

二年ほど一緒に暮らしたが、そのうち彼女に好きな人ができたので別れることにした。なんかフワーと現れて、フワーと去っていった妖精のような女の子だった。

●麗子

僕の三番目の妻は麗子という。

彼女は女優をしていて芸名を「風吹ジュン」という。歌手ルネ・シマールのプロジェクトのために、日本語のできないルネとマネージャー二人に同行してテレビ局の歌番組に出入りしていたある日、僕は風吹ジュンに出会った。

そのころ彼女は歌手としてテレビに出演していた。キラキラした笑顔の彼女に惹かれてキャンティに招待した。それから月に一度ほど一緒に食事する友達となった。

一年ほど経ったある日、夕食に現れた彼女がめずらしく哀しげな様子だった。思い切って理由を尋ねると、交際している彼氏と別れたいのだが、行く先がないのだと言う。

「こりやしめた！」と思った僕は彼女を家に誘った。

そんないきさつで彼女と一緒に住むことになり一年ほど過ぎたころ、僕たちのことを嗅ぎつけた芸能マスコミがうるさくつきまとうようになり、正式に結婚することにした。結婚式は麻布のアメリカン・クラブで行った。アルファレコード所属のミュージシャンであるＹＭＯやサンディーたちが余興で歌を披露してくれた。

結婚して間もなく、子供を二人授かった。

十年ほど一緒に暮らしたが、僕の浮気が原因で離婚した。

●明子

その浮気の相手が明子である。

ある秋の夜にキャンティ西麻布店にひとりで出かけた。バーエリアに入るとひとりの若い女性がいた。キラキラした瞳のその女性に魅力を感じ話しかけてみた。明るい会話がはずみ僕は彼女の明るさに惹かれた。僕は既婚者であることを彼女に言わずにデートするようになり、夢中になった。間もなく僕の恋狂いは妻の風吹ジュンに知られて度々説教されたが、聞く耳を持たず、ついに愛想をつかされ離婚することになった。

家を出た僕は明子と一緒に住むようになり、明子は妊娠して次男の太嗣が生まれた。明子との同棲は暴露雑誌「フォーカス」に写真をとられ掲載された。他人の私生活に土足で踏み込み、それをメシの種にしているまことに下品な雑誌だと怒ってみたが仕方がない。

それでも結婚して彼女は僕の籍に入ったが、いろいろあって離婚した。

●陽子（B）

陽子（B）は優れた整体師である。

明子と別れて独身になった僕は疲れると彼女に家に来てもらい体を癒していた。彼女は僕が創った音楽に興味を持っていた様子であった。さっぱりとした性格で明るい女性なのでおかげで現在は楽しく一緒に暮らしている。

刑務所のなかで迎えた二十一世紀

一九九五年には、再び村口伸一と組んで、みどりの日のイベントとして東京タワーをグリーン一色にした。初めて東京タワーが幻想的なグリーンに染まったこのイベントは大成功した。このように、一九九〇年代前半は大きなイベント・プロデュースで忙しくしていたが、やがてバブル経済がはじけ、日本は長く続く不況時代に突入した。

一九九九年七月、僕は再び大麻取締法違反で逮捕・起訴され、同年十月からの三年六か月、名古屋刑務所に連れていかれた。

まずまずの有名人であり、都内の刑務所ではトラブルの原因になりかねないという当局の配慮があったらしい。刑務作業としてビニールヒモでカゴを編む仕事に取り組んだが、手先が器用なので、すぐにメインのカゴ編みになってしまった。

一週間も経たぬころ、囚人から刑務官へ要望を伝えるなどの重要な役割〈用務〉をやっているという人物が、カゴを編んでいる僕のところにふっとやってきた。

「川添さんでしょ? YMOとか作ったんですよね?」

「なんで知ってんの⁉」

「僕は音楽が好きで」というわけですっかりその男と仲良くなって、昼休みや運動の時間には将棋の相手をしてもらった。

刑務所でのエピソードとしては、どこからかトウガラシの種を入手して所内の庭の隅に蒔いたことが思い出される。数か月後、刑務官に見つからないように真っ赤な実を摘んできて、二、三人の仲間でこっそり分けた。刑務所では刺激物を摂取することが禁止されており、トウガラシはもちろんのこと、コショウも食べられない。そんなトウガラシをうどんのなかにぶち込んで食べたら、やたらとうまかった。

こうして僕は名古屋の刑務所のなかで二十一世紀を迎えることになった。

二十一世紀のヒットと佐藤博

出所時に僕を待っていてくれたのが現在の妻・陽子である。久しぶりの再会を喜び、陽子の持っている新宿の家で新たな生活をはじめた。

しばらくして娘の煌子《こうこ》が生まれ、おだやかに暮らしていたある日、昔のフラメンコ・ギターの仲間である三谷真言《まこと》が訪ねてきて、それをきっかけに家に出入りするようになった。

その三谷が紹介してきたのが大郷剛《ごう》という青年である。

芸能界での成功を目指している彼が、レコードデビューをさせたくて夢見ていたのが〈ソルジャ（SoulJa)〉というラップ・アーティストであった。

「ラップって音楽、知ってますか？」

「アメリカの黒人がシャベリまくる音楽だろ？」

「……」

僕はラップという音楽があまり好きではなかったのだが、大郷剛が目をキラキラさせて熱心に話すので取り掛かってみることにした。

そしてまず、昔のフラメンコ・ギター仲間でテレビ東京ミュージックの社長・太田修平に企画を相談し、太田がユニバーサル・ミュージックの会長・石坂敬一にその話をしたところ、「ショーちゃんは昔から知っている。時々大ヒットを創るから、スタッフに伝えるよ」ということで太田の計らいでユニバーサル・ミュージックに行くことになった。

朝早くユニバーサル・ミュージック本社に赴くと、なんとユニバーサルの各レーベルのトップが揃って待っていた。

「知っているだろうが、プロデューサーの川添さんだ。この人は必ずヒットを創るから、言うことを聞くように」

石坂敬一の鶴の一声でアルバム制作が決定した。

時を同じくして、以前アルファレコードの契約アーティストであった佐藤博という音楽家が新宿の家を訪れた。

「川添さん！　僕は現在、情けないことに経済難民なんですよ。家賃が三か月払えずにいて、追い出されそうなんです。自宅にスタジオがあるので出て行くわけにはいかないんです」「よし、わかった。なんとか仕事を作るよ！」というわけで、佐藤博をソルジャのレコーディングのサウンド・クリエイターに起用することにした。ここでいうサウンド・クリエイターとは、編曲および演奏とレコーディング、それにトラックダウンという仕上げ作業を行う仕事である。ソルジャと佐藤博には、アルバム二枚までの作品創りにおいては、プロデューサーである僕の指示に必ず従うようにと注文した。

偶然の成り行きで始まったこのレコーディング企画は、数か月で完成した。アルバムのなかで、特に僕の指示で創られたラブソング「ここにいるよ」という作品は、シングルとして発売されヒットした。

無機質であるラップに色彩感のある女性歌手のメロディーを加えることで相乗効果を実現したことが成功の要因である。

このソルジャのアルバムには、アルファレコード時代のトップアーティストである細野晴臣、高橋幸宏、そしてユーミンたちが、楽曲提供のみならず録音にまで参加してくれたので、非常にユニークで特別な作品になった。

ひさびさに音楽業界の若いスタッフとも仕事をしたが、ある曲のデモが出来上がって、それをスタッフに渡してミーティングして、「曲の評判はどうですか?」と聞いても「すごくいいですね」といった反応しか返ってこない。僕が「誰に聞かせたの?」「何人のアンケートを採ったの?」と訊くと、レコード会社のスタッフ三、四人に聞かせた程度で、まったく参考にならない。

結局、「俺がアンケートを採りにいくよ!」と言って、i-podとヘッドフォンを持って、近くのコンビニに行って、ヒマそうな子を見つけて、それこそナンパして聞いてもらう。そこまでやる。ヘッドフォンをかけさせて、曲を聞かせる。切ないラブソングなら、その子が泣いたら、その曲はヒットする。結果三人中、二人が泣いて、リリースにGOを出したのが「ここにいるよ」だ。

つづいて「ここにいるよ」で起用した女性歌手・青山テルマをメインの歌い手とした「そばにいるね」という作品もユニバーサル・レコードから発売され、シングルCD売り上げ百万枚という空前の大ヒットとなり、ヒットチャートの一位に輝いた。

そしてなによりも、そのころに始まった〈着うたフル〉などの音楽配信で、なんと一千万ダウンロードを達成し、ギネスブック世界記録に認定された。

この「そばにいるね」は、ジャマイカのスライ&ロビーというレゲエ音楽のユニットにより、レゲエのリズムでカバー録音されることになった。僕はソルジャと佐藤博をそのレコーディングに参加させることを条件に許諾した。この作品は米国の主要音楽賞である〈グラミー賞・レゲエ部門〉にノミネートされた。

その翌年には、あのルネ・シマール・プロジェクトでCBSソニー時代に一緒に素晴らしい経験をした稲垣博司がエイベックス・マーケティングの会長で活躍していて、彼に依頼されて作品を創った。

ふくい舞という歌手が歌った「いくたびの櫻」という作品は、佐藤博の作曲で、彼のインストゥルメンタル曲を聴いているうちに、この曲に詞をつけてみたいと閃いた僕は昔から懇意の山上路夫に連絡をして作詞を依頼した。この作品は、NHKエンタープライズの黛りんたろうが演出した時代劇の主題歌に採用されて評判を呼び、レコード大賞作詞賞、日本有線大賞を獲得した。

「そばにいるよ」と「いくたびの櫻」という作品では、アルファ時代からいくつかの音楽プロジェクトをともにしたバーニング・プロダクションの総師・周防郁雄が多大なバックアップをしてくれて大ヒットが実現した。

平成に入っての久しぶりの僕の音楽制作の仕事は、運良く音楽CDが売れる最後の瞬間にすべり込んだ。

その後すぐ、アップル社のスティーブ・ジョブズが発明した携帯機器で音楽の無料配信の時代に突入し、音楽ＣＤ産業は衰退してしまった。僕は冗談で「スティーブ・ジョブズはスティール・ジョブス（仕事泥棒）だ」と意気消沈しているレコード関係者を笑わせた。

……という次第で日本がアメリカを相手に無謀な戦争に突入した一九四一（昭和十六）年に生まれて昭和・平成の時代を過ごし、なんとか令和時代を迎えることができた僕の人生の物語を終えることにする。

ある人たちは、僕は破天荒なプロデューサーであると言う。

もし破天荒であるとするならば、それは血筋にあると思えてならない。

そこで最後に僕の先祖のことを記しておこうと思う。

2012年に逝去した天才音楽家・佐藤博（左）と並んで。

ソルジャと著者。左にいるのは吉田美奈子。

後藤象二郎

僕の曽祖父にあたる後藤象二郎は、幕末の土佐藩に生まれ、山内家の宰相を務めた人物だ。

歴史の激動期にあって象二郎の運命は変転する。坂本龍馬たちの仲介により同盟を結んだ薩摩藩と長州藩が、新政府構想を実現すべく徳川幕府の武力打倒計画を進めていた。四国土佐藩の立場から、勤皇派大弾圧を主張するべき後藤象二郎だったが、漂流してアメリカにたどり着いた経験を持つ土佐の漁師・ジョン万次郎からもらった世界地図を眺めてつくづく「世界は広いなあ！　日本は小さいなあ」と気宇壮大に考え、土佐藩も時勢に遅れてはならぬと、コロリと主義を変えて単身長崎に赴く。そして一八六七（慶応三）年、土佐勤皇党のリーダーであり、日本初の貿易商社ともいえる海援隊の活動をしていた坂本龍馬と手を結んだのだ。本来なら不倶戴天の敵同士であった両者だが、たちまちにして打ち解けたという。竜馬はその書簡に「後藤は近ごろの人物にて、土佐国もこのごろは大いに面白き勢い」と象二郎の人物評を書いている。

徳川幕府は十五代将軍・徳川慶喜の時代となり、名君と言われながらも時勢には逆らえずますます崩壊の方向に向かっていた。武力革命による倒幕を画していた薩摩・長州とは一線を置き、土佐は大政奉還論を掲げた。象二郎は龍馬と策を練り、大政奉還案の推進者となって京都二条城に乗り込み、幕府の老中・若年寄を説き伏せる。そして慶応三年十月、ついに将軍慶喜に大政奉還を決意させてしまったのだ。三百年続いた徳川の幕府体制が消滅し、維新が成立した劇的瞬間である。この明治維新は無血革命であり、封建制からの革命としては世界史上珍しいものだ。

明治維新の元勲なる人物はたくさんいるが、二名に限るとなると三十一歳の後藤象二郎と四十二歳の西郷隆盛であろう。両者の似ている点を挙げると、とてつもなく画期的なことを成し遂げたが、その後はやることなしである。

象二郎は破天荒だった。

廃藩置県が施行された際、殿様の山内容堂より任せられた財産整理の仕事を後輩の岩崎弥太郎に押しつけ、「お前は商売がうまいから、この金で死んだ龍馬がやろうとしていた貿易を引き継げ！　それから、俺の妹をお前の弟の弥之助の嫁にもらってくれ！」と、ちゃっかり親戚にしてしまう。

西郷隆盛とともに参議を辞め、今度は板垣退助と国会開設運動を始めて自由党を結成。伊藤博文が憲法研究のためにヨーロッパへ赴くときには、自分には直接の関係がないのにもかかわらず同行して外遊。新しいもの好きの象二郎は、パリの最高級ホテル〈クリヨン〉に滞在し、仲間が勉強しているあいだに、ヨーロッパの珍しい物品を山ほど買いあさって歩いたという。日本に帰るときに呼んだのが、貴族専用の運送屋であった〈ルイ・ヴィトン〉だ。船で帰国する際に撮影された、山と重ねられた大きなL／Vマークの木箱の上でふんぞり返っている象二郎の写真が残っている。ちなみに、ルイ・ヴィトンの社史に、最初にルイ・ヴィトン製品を購入した日本人として後藤象二郎の名前が記されているそうだ。

さて、明治維新後の新政府で華族令が出ると、遠慮なく後藤象二郎は伯爵をいただく。政府ではやることがなかったため民間で実業を始めようとしたが、運営がメチャクチャですぐに頓挫。借金取りが火のように督促に来るが、象二郎は驚かず「今は風待ちの船の如し、そう急いても船は動けぬ！」とうそぶき、昼間からふとんをかぶって眠りこけ、そのイビキは雷のようだったという。節操とか一貫性といった信条を好む日本人においてはたしかに珍種だったらしい。

明治維新の元勲のほとんどが暗殺や自殺で非業の死を遂げているなか、自宅で家族に見守られながら大往生した後藤象二郎に悲劇的印象はない。

後藤象二郎（1838年～ 1897年）
土佐藩士として坂本龍馬とともに大政奉還の功労者として活躍。明治政府では政治家、実業家として活動。

後藤猛《たけ》太郎

象二郎の長男、つまり僕の祖父である後藤猛太郎も、やはり波乱万丈の人生を送っている。後藤猛太郎は一八六二（文久二）年に後藤象二郎の長男として生まれた。

〈土佐の大法螺吹き〉などと呼ばれた象二郎は、猛太郎が八歳のとき、息子を外国人の家に預けて外国語を学ばせた。十代で英、仏、独の三か国語を自由に使いこなせるようになっていたという。

そこまでは良いのだが、十八歳にもなると横浜の遊郭の養女と同棲しながらの豪遊が始まり、「若様があれでは困ります」と周囲がうるさくなる。しかし、自分も息子を上回るほどの遊び好きである象二郎は、それを面倒くさがり「ヨーロッパに行って勉強してこい！」と日本から追い出してしまう。しかし現地でも湯水の如く金を使って派手に遊びまくる猛太郎。結局そのツケを払う羽目になった象二郎は、ついに猛太郎を勘当にすることに決めたのだが、それを聞いた当時の外務卿（外務大臣）・井上馨が「お前の長男が勘当になっているそうだが、あいつは見所があるから外務省で使ってみよう」と言って猛太郎は外務省に務めることになる。猛太郎にとってはありがた迷惑な話であった。

そんな彼がデスクワークに飽き飽きし始めたころ、事件が起きた。

日本の漁船が太平洋のミクロネシア群島に漂着し、原住民に殺されて食われてしまったという報告が外国船からもたらされたのだ。当時は列強のナショナリズムが華やかな時代である。日本国がこれを知ってなにもしなければ外国勢になめられることになる。

「誰か、現地に行って調査してこい！」と井上大臣が呼びかけるが、役人たちは尻込みをして行きたがらない。そのとき猛太郎が進み出て「私が行ってまいります！」申し出た。

「さすが、後藤象二郎の息子だ。よし行ってこい」

公式な辞令を渡し、渡航費用千円と船を用意した。ところが、猛太郎は「しめた！」とばかりその金で遊興の借金を返済し、残った金を持って船員たちと横浜の遊郭に繰り込みドンチャン騒ぎ。出航前に千円すべてを使い果たしてしまった。

猛太郎は悪びれもせず井上大臣のところへ出かけた。「お預かりした金ですが、借金取りに持っていかれ、出発壮行会を派手にやったらなくなってしまいました。もう千円出してください」と申し出る。雷オヤジで有名な井上大臣は激怒して、「ヤイ！　この小僧、国家の大事のための官金をなんと心得る！　俺からも勘当だ！」。蹴飛ばされるように外務省から追い出され、乗るはずだった船も出港停止になった。しかし猛太郎はそれでも平然と、集めた船員たちに「俺が一人でなんとかするから、それまでどこかに隠れていろ」と命じ、オランダ領事に頼み込み、外務省の辞令を見せて信用させ、金を用立てさせたうえ、出航直前の漁船の船長を説き伏せてミクロネシアに向かってしまう。

航行中には荒っぽい船員たちとたちまち仲良くなり、航海術もあらかた身に付けた。ミクロネシアに着くと、島々を束ねている大酋長に、オランダ船にあったさまざまな軍艦の絵を見せて、「言うことを聞かないとこの船で攻めるぞ」と脅し、日本国の植民地になることを承諾させ、大酋長の家に日章旗を掲げる。そしてしばらくは南洋の島でのバカンスを楽しみ、連日の大宴会では島の娘たちをはべらせて遊び狂うのであった。

そんなあるとき、日本から漂流した漁師の遺留品を持っている原住民を発見した猛太郎は「犯人はこの島のヤツらだ」と断定した。そして、彼らが喜びそうなものを餌にして二人の酋長を折りから寄港した船に招き入れ、たらふく酒を飲ませ、彼らが眠り込むと日本に向けて出航。二人の原住民酋長を連れて日本に帰ってきたのは日本を出て八か月後であった。

「後藤猛太郎は任務を果たして帰国致しました。この二名が犯人です。ご処分は存分に」

と外務省のお偉方に伝え、ついでにミクロネシアを日本国の植民地にしてきたことを述べた。現地調査をして形式的に国の面目が保てればそれで良しと考えていた外務省は、猛太郎が犯人を連行し、領有化までしてくるとは夢にも思っていなかったため困り果て、とりあえず二人の酋長を横浜グランド・ホテルに泊まらせておいたところ、冬になると、熱帯育ちの彼らはあっという間に肺炎にかかり死んでしまった。これで、うやむやながら一件落着。井上馨大臣は後藤象二郎に会いに行く。

「君の息子を事件調査で使ってみたが、とんでもないやつだ。官金を使い込み辞令を使ってオランダに借金するわ、色の黒いのを二人さらってきて凍死されるわで散々手こずらされた。君が勘当したのも無理はないな」

「僕の手に負えないのだから、君が使えるわけはない。しかし国の面目は保てたのだろう。勘当はしていても僕の息子だから、借金は僕が返そう」

「いや、もう免職にしたから解決だ」

「そうか、迷惑をかけたな」

象二郎は内心、息子のやったことに満足していたのではないだろうか。

その後しばらくして、維新の波瀾万丈の時代を生き残った後藤象二郎は明治三十年八月、病気にて他界した。象二郎亡き後は猛太郎が伯爵家を継いでいる。

〈天下のならず者〉と自称した猛太郎は、その後の逸話にも事欠かないが、日本活動フィルム株式会社（のちの日活）の初代社長を務め、一九一三年に五十歳で亡くなった。

後藤猛太郎（1863年～1913年）
「天下のならず者」と自称。日貴族院議員。伯爵。
日本活動フィルム会社（日活の前身）の初代社長。

エピローグ

弟の光郎は二〇一〇（平成二十二）年に亡くなった。彼が引き継ぎ、懸命に経営していた飯倉キャンティ本店、および彼が創った西麻布キャンティと銀座松屋に出店したカフェ・レストランそして菓子店の経営は、光郎の妻・孝子と長男の隆太郎が引き継いだ。孝子と隆太郎は「レストランは百年続けないと本物じゃないぞ」と言っていた父・川添浩史の言葉を守り、タンタンが創った人気の名物料理の味を頑固に続けながら、新たに開発した人気の前菜の数々を、ワゴンサービスで提供し、菓子部門を発展させ、令和の現在も順調に経営を続けている。

そして、飯倉キャンティ本店は開店から六十周年を迎えた。

この原稿を仕上げるに際し、次男の太嗣が大宮浩平という若手写真家を連れてきた。パソコンの名手の彼のおかげで、この本の仕上げが多いにはかどった。

そして、出版実現には鈴木康弘という青年が協力してくれた。


第一敲が仕上がったときに、それを読んだ太嗣とのLINEのやり取りがある。

「そう言えば、長男の智史と長女の安季子が生まれた時の、父としての感動的な文章はないですよね（笑）次女の煌子が生まれた時も、いっさい無視でしたね。なんか突然生まれて思い出したようにしれっと登場する感じですよね（笑）」

「エッ！　感動することなのかな？　感動しないとまずいかな？」

「いつのまにか再婚してて、いつのまにか子供もいますよね（笑）結婚認識が薄いんですよね（笑）」

「では感動文を考えるかな？　僕としては〝いつのまにか事件〟なんだよね！」

「普通、〝そう言えば、子供がいたな……〟と、ふと思い出す調の人はあまりいないと思いますけどね（笑）」

「だっていつのまにかいるんだもん」

「普通の人は子供ができることはショッキングらしいですよ」

「そーかー！　じゃショックだな」

太嗣のこのＬＩＮＥの文章には必ず〝（笑）〟と記されているのをみて、彼の複雑な心理がうかがえた。

結婚や子供たちへの認識が薄いのは、我が家の伝統的なＤＮＡのようだ。せめて僕の子供たちの世代からは、真人間になって欲しいと祈っている。

人の歴史は他者との関わりで創られていくということなのであろうか。こんな僕の破天荒な人生を豊かに彩ってくれたさまざまなすべての素敵な人たちに心から感謝している。

後記

この物語は今は廃刊になった雑誌「団塊パンチ」に連載されていたものに書き加えて完成した。その連載を実現させてくださった、出版プロデューサーの赤田祐一氏および、単行本化に尽力をいただいたＤＵ ＢＯＯＫＳ編集長の稲葉将樹氏に謝意を表したい。

以上

象の家系図

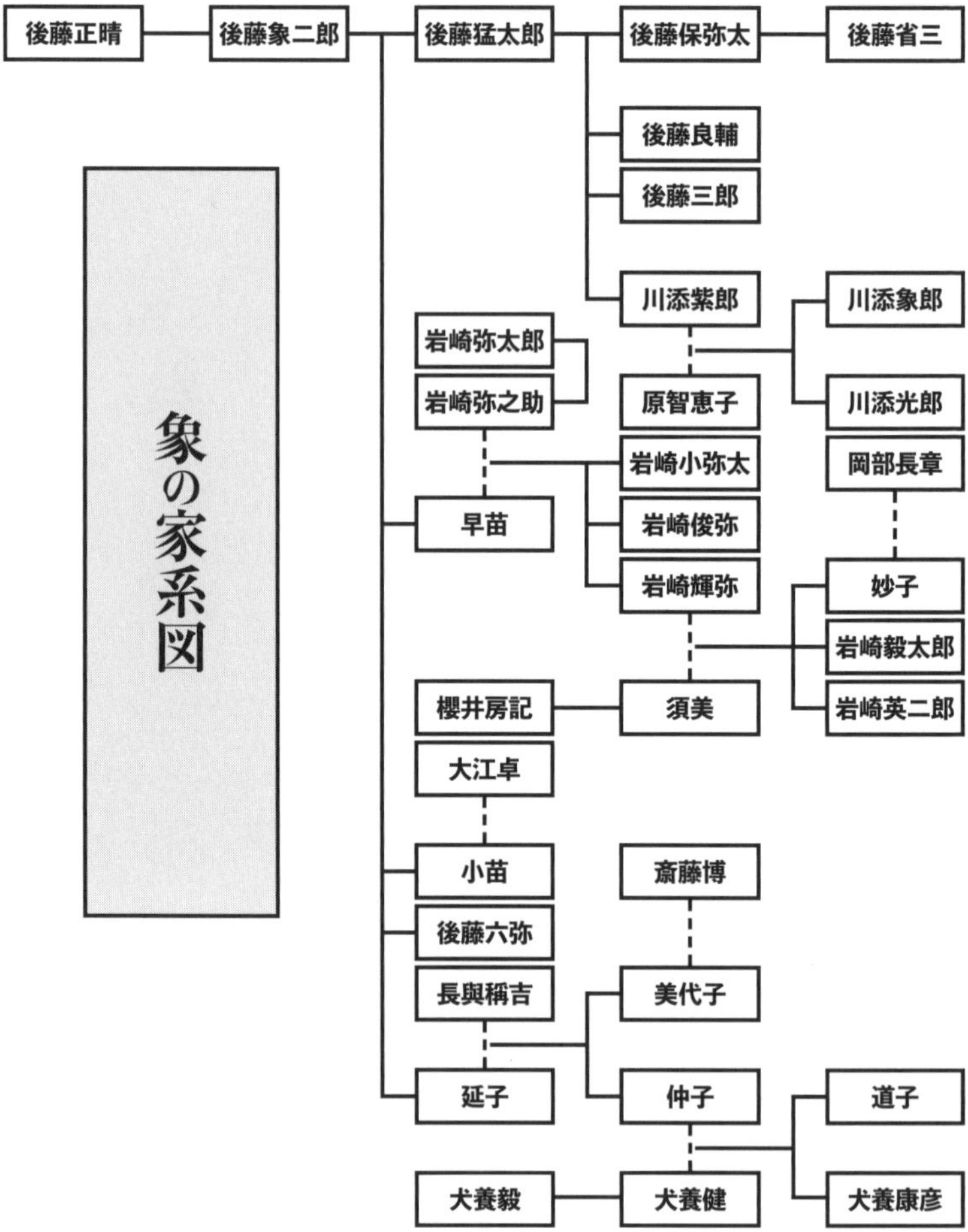

後藤正晴
後藤象二郎
後藤猛太郎
後藤保弥太
後藤省三
後藤良輔
後藤三郎
川添紫郎
川添象郎
岩崎弥太郎
岩崎弥之助
原智恵子
川添光郎
岩崎小弥太
岡部長章
早苗
岩崎俊弥
岩崎輝弥
妙子
岩崎毅太郎
櫻井房記
須美
岩崎英二郎
大江卓
小苗
斎藤博
後藤六弥
長與稱吉
美代子
延子
仲子
道子
犬養毅
犬養健
犬養康彦

川添象郎《かわぞえしょうろう》

1941年東京都生まれ。父はイタリアンレストラン「キャンティ」を創業し、国際文化交流事業で知られる川添浩史、生母はピアニストの原智恵子。明治の元勲、後藤象二郎を曽祖父にもつ。
慶應義塾幼稚舎を経て、ラ・サール高等学校から和光高等学校に転入。高校卒業後、マグナム・フォトのルネ・ブリやデニス・ストックの来日アシスタントとして働く。

60年に渡米。舞台芸術とショービジネスを遊学。フラメンコ・ギタリストとしても活動。オフブロードウェイの前衛劇『六人を乗せた馬車』に参加し、世界ツアーを経験。帰国後、反戦ミュージカル『ヘアー』をはじめ、音楽と演劇を中心に数々のプロデュースをおこなう。

村井邦彦とアルファレコードを創設し、荒井由実、サーカス、ハイ・ファイ・セットなど、現在では「シティポップ」として世界的にも評価される、都会的で洗練された音楽をリリース。YMOのプロデュースでは、世界ツアーを成功に導き、日本を代表するポップカルチャーとして世界的存在に仕立て上げた。

イヴ・サンローランの日本代表やピエール・カルダンのライセンス開発も手掛け、1980年代半ばには、空間プロデューサーとしても活動。

2007年には再び音楽プロデュースに復帰。SoulJaをプロデュースし、青山テルマ feat.SoulJa『そばにいるね』は日本で最も売れたダウンロードシングルとして、ギネス・ワールド・レコーズに認定。2011年にプロデュースしたふくい舞『いくたびの櫻』はレコード大賞作詞賞を受賞。

写真：大宮浩平

さ

Index
象の索引

象《ぞう》の記憶《きおく》

日本《にほん》のポップ音楽《おんがく》で世界《せかい》に衝撃《しょうげき》を与《あた》えたプロデューサー

初版発行　2022年8月4日
３刷発行　2023年4月6日

著者　川添象郎《かわぞえしょうろう》

装画　木村英輝
デザイン　江森丈晃
編集　稲葉将樹（DU BOOKS）
発行者　広畑雅彦
発行元　DU BOOKS
発売元　株式会社ディスクユニオン
東京都千代田区九段南3-9-14
［編集］TEL 03-3511-9970　FAX 03-3511-9938
［営業］TEL 03-3511-2722　FAX 03-3511-9941
https://diskunion.net/dubooks/

印刷・製本　大日本印刷

ISBN978-4-86647-175-4
Printed in Japan

本書の感想をメールにてお聞かせください。
dubooks@diskunion.co.jp

昭和が愛したニューラテンクォーター

ナイトクラブ・オーナーが築いた戦後ショービジネス

山本信太郎 著

「毎日新聞」「週刊ポスト」「ジャズ批評」にて紹介されました!

「ショー」と「商」のはざまで生きた、東洋一の社交場オーナーが語る!

当時のパンフレット、ポスター、ホステスだけに渡された接客マニュアルなど、150点以上の図版とともに憧れのニューラテンクォーターが甦る永久保存版!

本体2500円+税　四六　312ページ(カラー口絵16ページ)

ジャズ昭和史

時代と音楽の文化史

油井正一 著　行方均 編

「朝日新聞」「日本経済新聞」「産経新聞」「ジャズ批評」にて紹介されました。

時代と音楽の文化史。未完、未発表の自叙伝『もうひとつの昭和史』併録。

ジャズ評論界の巨人が語り、綴る、探求の日々と激動の時代。

油井正一語り下ろしジャズ昭和史。

本体3800円+税　四六　672ページ

マイケル・ジャクソン来日秘話

テレビ屋の友情が生んだ20世紀最大規模のショービジネス

白井荘也 著

黎明期のテレビで、「音楽」と「笑い」を合体させた番組を作り上げた、名ディレクターが、テレビ時代の話と、そこから生まれたマイケル来日公演について、はじめて語った1冊。

20世紀最大規模の興行となったジャパン・ツアーを、いちばんの当事者である著者が、秘蔵写真とともに語り、マイケルの素顔に迫る。

本体1500円+税　四六　256ページ

ビートルズ来日学

1966年、4人と出会った日本人の証言

宮永正隆 著

「レコード・コレクターズ」誌の人気連載、待望の書籍化。真実は細部に宿る!

当事者だからこそ語れる、来日時のビートルズの素顔や行動。世界初公開の写真も多数掲載。マーク・ルーイスン(ビートルズ研究の権威)からも「第一級のインタビュー」と絶賛された著者によるライフワーク。湯川れい子さん絶賛!(「週刊文春」)、「北海道新聞」「朝日新聞」(「ひと」欄)などでも話題に。

本体2500円+税　A5　448ページ(カラー写真多数)　好評3刷!

DU BOOKS

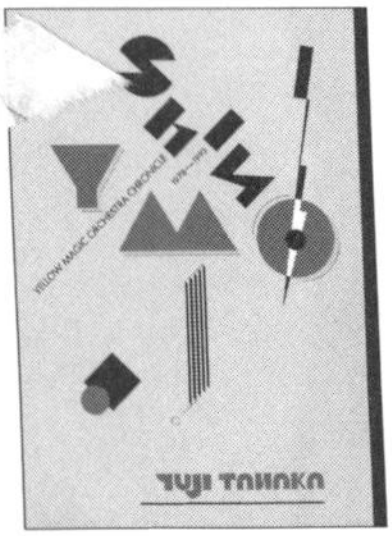

シン・YMO
イエロー・マジック・オーケストラ・クロニクル1978〜1993
田中雄二 著

「YMO現象」前後のカルチャー状況もわかると大好評！

YMO研究の第一人者による、最初で最後の〈本格的論考集〉。ミステリー解読形式で結成〜再生までの歴史を追う。

著者自身によるYMOメンバーの各10時間におよぶインタビュー発言、単行本未収録の各ソロ取材・スタッフの証言を加えた「YMOヒストリー」の決定版。

本体3800円＋税　A5　696ページ　好評3刷！

細野晴臣 録音術
ぼくらはこうして音をつくってきた
鈴木惣一朗 著

これがポップス録音史だ。70年代のソロデビューから最新作まで。

40年におよぶ細野晴臣の全キャリアを、その音楽活動を長きにわたり見つめてきた鈴木惣一朗が歴代のエンジニアと細野晴臣本人とともに辿る。

登場するエンジニアは吉野金次、田中信一、吉沢典夫、寺田康彦、飯尾芳史、原口宏、原真人。

本体2500円＋税　A5　296ページ　好評7刷！

松武秀樹とシンセサイザー［限定愛蔵版］
MOOG III-Cとともに歩んだ音楽人生
松武秀樹 著

4人目のYMOと呼ばれた男・松武秀樹が35年ぶりに書き下ろす、自らのヒストリー、音楽論とシンセサイザーの未来。

MOOG III-Cとともにシンセサイザーの可能性を追求し続けた音楽人生とは？

限定愛蔵版（3,000部）には、名著『たった1人のフルバンド』の復刻版付き！

冨田勲との師弟対談、砂原良徳とのテクノ対談も収録。

本体3800円＋税　B6　224ページ

耳鳴りに悩んだ音楽家がつくったCDブック
【付録CD:Music [illegible] Ringing by ワールドスタンダード】
鈴木惣一朗 著

全11曲、[illegible]のアルバムを収録。坂本龍一（音楽家）、大石直樹（慶應義塾大学病院 耳鼻咽喉科外来医長）との「耳鳴り」についての対話を収録。
「耳にやさしいピアノの音、弦楽器の音、ベースの音とはどんなものかを、本作は改めて問い直している」――若林恵（編集者、『さよなら未来』著者）
東京新聞、「RADIO SAKAMOTO」（J-WAVE）などで紹介されました！

本体3000円＋税　A5　56ページ　好評2刷！